Lindo de Doer

★ PIERCING ★
VIAGENS ESTÉTICAS,
ERÓTICAS E ESOTÉRICAS

ANDRÉ MEYER

Lindo de Doer

★ PIERCING ★
VIAGENS ESTÉTICAS,
ERÓTICAS E ESOTÉRICAS

Depoimento a **Tomás Chiaverini**

São Paulo
2011

EDITORA Gaia

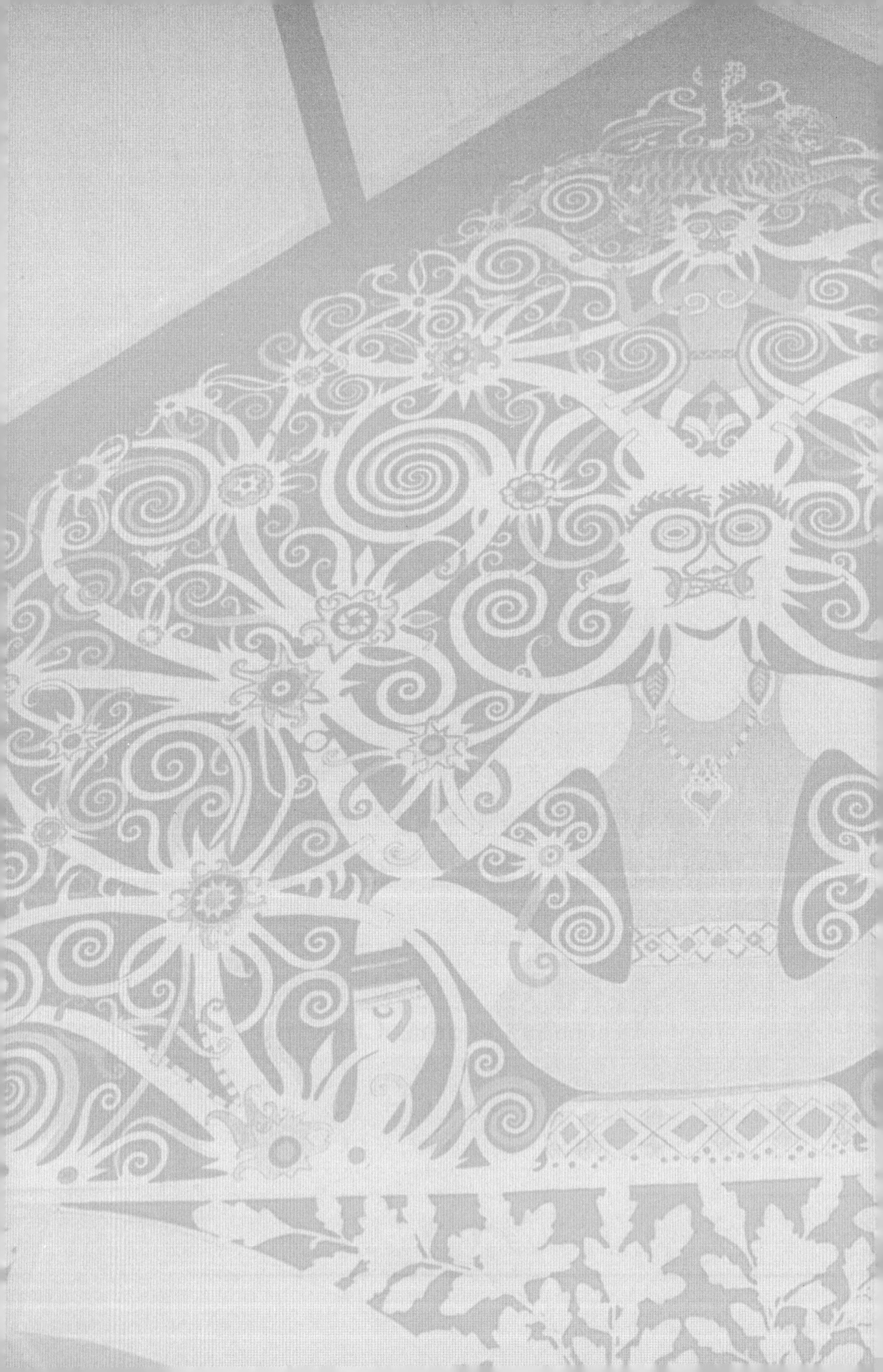

Lindo de Doer

© André Meyer, 2010
© Tomás Chiaverini, 2010

1ª Edição, Editora Gaia, São Paulo 2011

Diretor-Editorial
JEFFERSON L. ALVES

Diretor de Marketing
RICHARD A. ALVES

Editor-Associado
A. P. QUARTIM DE MORAES

Gerente de Produção
FLÁVIO SAMUEL

Coordenadora-Editorial
DIDA BESSANA

Assistente-Editorial
IARA ARAKAKI

Preparação de Texto
IARA ARAKAKI

Revisão
LUCIANA CHAGAS

Foto de Capa
LOUISE CHIN & IGNACIO ARONOVICH (Lost art)

Capa e Projeto Gráfico
REVERSON R. DINIZ

Dados Internacionais de Catalogação na Publicação (CIP)
(Câmara Brasileira do Livro, SP, Brasil)

Meyer, André
  Lindo de doer : piercing, viagens estéticas, eróticas e esotéricas / André Meyer ; depoimentos a Tomás Chiaverini. – São Paulo : Gaia, 2011.

  ISBN 978-85-7555-256-8

  1. Arte corporal. 2. Cultura. 3. Depoimentos. 4. Marcas corporais. 5. Meyer, André. 6. Moda. 7. Piercing. 8. Tatuagem. 9. Usos e costumes. I. Chiaverini, Tomás. II. Título.

11-02248   CDD-391.65

Índices para catálogo sistemático:

1. Brasil : Pioneiro dos piercings : Depoimentos : Arte corporal : Aparência pessoal : Costumes   391.65

Direitos Reservados
EDITORA GAIA LTDA.
(pertence ao grupo Global Editora e Distribuidora Ltda.)

Rua Pirapitingui, 111-A — Liberdade
CEP 01508-020 — São Paulo — SP
Tel: (11) 3277-7999 / Fax: (11) 3277-8141
e-mail: gaia@editoragaia.com.br
www.editoragaia.com.br

Obra atualizada conforme o
Novo Acordo Ortográfico da Língua Portuguesa

Colabore com a produção científica e cultural.
Proibida a reprodução total ou parcial desta obra sem a autorização do editor.

Nº de Catálogo: **3249**

Para minha filha Tainá.

Agradecimentos a todos que foram citados neste livro, em especial a minha mãe, meu pai, irmãs e irmãos, madrasta e padrasto.
À editora que publicou estas palavras e a todos os meus amigos e pessoas que circulam pelas minhas memórias, também os corpos que passaram pelas minhas agulhadas e dançaram ao som da música discotecada, esta geração globalizada.

SUMÁRIO

Apresentação	11
Puberdade e o mundo secreto das tatuagens	13
Camisetas e cogumelos alucinógenos	21
Uma passagem só de ida pro Velho Mundo	27
Futebol, brigas de rua e agulhadas em série	31
Fiona e o primeiro brilho fluorescente	37
O mestre oferece a sobrancelha à agulha do discípulo	41
Uma câmara de tortura na sala de estar	49
Entre repórteres e bandidos	53
Raves e faquires	57
Virando *sadhu*	63
Um par de tênis por um filhote de cobra	67
Ampallang: o mais malvado dos piercings	73
Desmaios e psicodelia em Ibiza	77
Da Galeria Ouro Fino ao sofá do Jô Soares	81
Iogues nepaleses e pragas hindus	87
De fitinhas contrabandeadas a baladas milionárias	91
Fama galopante	95
Klatu Barada Nikto	99
Elvis não morreu, virou padre em Vegas	103
Testando nervos e revirando estômagos em Oklahoma	107
A fronteira final	111
Milionário por acaso	117
Bye-bye raves	121
Xingu: um piercing no coração	125
Setenta milhões de almas	133
Ganges – Nevada	137

Perto do fim do mundo	141
Lapidar pra modificar	145
O *freak show* não pode parar	151
Abraçando o lado negro da força	155
A guinada iogue	161
Beijo no asfalto	167
Com a morte na alma	171
Tainá vem ao mundo	175
Espetado por Shiva no monte Kailash	179
Solitário assistido	187

Tudo que você queria saber sobre piercings e nunca teve coragem de perguntar — 194

19 anos de agulhadas	195
Escolhendo o estúdio de piercing	195
Escolhendo a joia certa	198
Preparando a pele	202
Anestésicos	203
Após a perfuração	203
Alargamento	207
Bloqueando infecções, exterminando germes, protegendo clientes e profissionais	209
Perguntas frequentes	211
Posfácio	214

APRESENTAÇÃO

Pioneiro dos piercings no Brasil, André Meyer viajou o mundo em busca de referências em arte corporal. Mergulhou fundo na contracultura londrina da década de 1990, morou no colorido e festivo estado indiano de Goa, visitou retiros hindus, conviveu com índios no Xingu, participou de festivais religiosos às margens do Ganges, e pagãos no deserto de Black Rock (Estados Unidos).

Em suas viagens, trocou um All-Star por uma cobra, suspendeu-se por ganchos cravados na pele, recebeu pragas e bênçãos de homens santos, quase morreu de fome, de intoxicações alimentares e de quedas de moto. Experimentou toda sorte de substâncias entorpecentes, descobriu a ioga, tornou-se vegetariano.

Por aqui, atuou com DJ, ajudou as raves a tornarem-se populares, transformou a decadente Galeria Ouro Fino num templo dos moderninhos, fundou o primeiro clube de psytrance do país, promoveu as primeiras festas de fetiche e inspirou a criação dos primeiros after-hours paulistanos. Recentemente, passou vinte dias trancafiado até vencer o reality show *Solitários*, do SBT.

O leitor que se aventurar pelas páginas de *Lindo de doer*, além de conhecer todas essas histórias de uma vida incomum, terá contato com uma parte desconhecida da moda e do comportamento paulistano e descobrirá as dores e as delícias por trás da body-art.

*Tomás Chiaverini**

---

* Escritor e jornalista, é autor dos livros-reportagem *Cama de cimento* (Ediouro, 2007) e *Festa Infinita – o entorpecente mundo das raves* (Ediouro, 2009), e do romance *Avesso* (Global, 2011).

PUBERDADE E O MUNDO SECRETO DAS TATUAGENS

*A mente que se abre a uma nova ideia
jamais voltará ao seu tamanho original.*

Albert Einstein (físico alemão)

Cruzeiro para o Amazonas, 1982.

LINDO DE DOER

Não sei se foi destino, carma ou coincidência, mas essa história de outras culturas, roupas incomuns, penteados estranhos e adornos corporais sempre andou por perto. Sempre reparei nisso com muita atenção. Tinha e ainda tenho um certo fascínio pela imagem de liberdade que exala de alguém que tatua o que quiser no próprio corpo, que fura a própria língua, que se veste do jeito que acha que deve e demonstra atitude e personalidade próprias com estilo e naturalidade.

Quando moleque, meu apelido era índio, porque eu tinha a pele morena e o cabelo preto e liso, e os índios viviam na minha imaginação. Forte apache era meu brinquedo predileto, e faroestes americanos eram os filmes de que eu mais gostava.

Depois, quando tinha uns onze ou doze anos, fiz um cruzeiro de navio até Manaus com minha família. Nele, pela primeira vez, aquele mundo da minha imaginação apareceu diante dos meus olhos, e eu via aquelas crianças, com a minha idade, remando no rio, usando penachos, os mais velhos com botoques, as orelhas furadas, e um jeito de se vestir totalmente diferente do que havia na cidade; aquilo me deixou completamente fascinado.

Esse foi um primeiro contato apenas, coisa de alguns dias e voltei pra São Paulo, pra minha vida de pré-adolescente urbano. Mas aquilo acabou me marcando, deixou alguma impressão digital subliminar em mim. Plantou alguma semente de mudança que ficou silenciosamente descansando invisível dentro de mim por alguns anos.

Um tempo depois, ainda nessa época, em meio ao ecossistema da cidade grande, vi, pela primeira vez na vida, uma tatuagem real, no braço de um japonês, um motociclista filho de uma amiga da minha mãe.

Ele tinha trabalhado um tempo na Europa e voltara com aquela tatuagem, que não era nem de máquina, feita com agulha, na raça, e eu fiquei completamente fascinado com aquilo também. Uau! Naquela época, fim da década de 1970, ter um desenho permanente na pele era uma coisa do outro mundo, um lance meio *outlaw* mesmo. Ninguém andava na rua com uma tatuagem no braço.

Claro que no ato comecei a encher o saco daquele cara, perguntando como era aquilo, onde ele tinha feito, se doía muito e como eu podia conseguir uma também. Ele respondia a tudo sem muita empolgação e sem muita informação, o que só servia pra acentuar minha curiosidade. Durante um bom tempo fiquei procurando, mas não achei ninguém que tatuasse em São Paulo.

Apesar disso, se por um lado a moda das tattoos e dos piercings não estava nem perto de baixar por aqui com força, a contracultura já fervilhava. Afinal, o início da década de oitenta era a época em que a ditadura militar começava a dar sinais de abertura, e uma boa parte da população já não aguentava mais viver de acordo com o que o governo tirano e totalitário achava certo ou errado.

Nessa época comecei a ouvir rock, a andar de skate, a sair pros clubes à noite e, aos poucos, passei a me sentir diferente dos outros. Imagino que isso aconteça com todos os moleques dessa idade, mas acho que para mim foi um pouco mais intenso. Eu sentia que tinha de marcar aquilo na pele de alguma forma, continuava com a ideia fixa de fazer uma tatuagem, algo que expressasse meu distanciamento dos seres humanos comuns.

Como não arrumava alguém que me tatuasse, resolvi me virar por conta própria. Com nanquim e ponta de compasso fiz minha primeira tatuagem, um "A" estilizado na mão, que depois acabou se tornando a marca dos meus produtos.

Mais tarde, nas minhas andanças pelo mundo, eu veria rituais semelhantes a esse que fiz sozinho sendo praticado por diversos povos. Quase sempre são ritos de passagem da infância para a vida adulta, que envolvem a modificação do corpo e a superação da dor. Geralmente ocorrem nessa mesma idade, entre os treze e quinze anos, que era o que eu tinha quando me presenteei com a primeira tatuagem. Na época não sabia, mas hoje tenho clareza de que foi um ritual mesmo, uma necessidade de autoafirmação, uma busca por liberdade. Mas era só um desenhinho pequeno, uma marca discreta, que estava longe de saciar meu desejo cada vez maior por esse misterioso mundo das agulhadas.

Continuava permanentemente procurando, perguntando, sempre de olho aberto pra ver se alguma coisa nova aparecia por aqui. E, apesar dessa busca constante, demorou um bom tempo pro mundo das tatuagens voltar a se cruzar com o meu.

Eu já estava totalmente mergulhado no universo do skate, do surfe, do punk, new wave e rock'n'roll, andando de jaqueta rasgada e cabelo comprido quando, de repente, um garoto da escola, de família alemã, levou a foto do irmão mais velho e saiu mostrando pra todo mundo. Assim que bati o olho na imagem, fiquei embasbacado. O cara era todo tatuado, o corpo inteiro transformado numa mistura de desenhos coloridos com várias formas, texturas e nuances. A gente olhava aquilo como se fosse uma figurinha de álbum e falava: "Mano, como é que pode? Como é isso?". E novamente aquilo me atraía de uma forma incrível, despertava uma grande fascinação mesmo.

Mas o irmão do meu colega morava no exterior, não havia como estabelecer contato com ele, e por aqui a body-art continuava sendo raridade. Com o tempo, contudo, a moda acabou chegando por aqui. Devagar, mas chegou.

Quando eu estava com uns dezesseis anos, finalmente descobri dois tatuadores com lojas de tatuagem em São Paulo. Um era o Marco Leoni, que tinha um estúdio na Vila Madalena, o Tattoo You. O outro era o Sérgio, do Tattoo Time, nos Jardins. Por volta de 1985, esses eram os dois únicos estúdios profissionais de que ouvi falar.

LINDO DE DOER

Estabelecimentos que se dedicavam a fazer tatuagens, que tinham uma decoração remetendo à arte corporal e que mantinham cuidados mínimos de higiene. Claro que nada se comparava ao que existe hoje. Pra se ter uma ideia, numa época em que a aids ainda não era uma ameaça conhecida, não se usava nem luvas pra tatuar.

Apesar de pertencerem a um mesmo universo, os dois locais eram completamente diferentes entre si. O estúdio do Marco era underground, rock'n'roll, meio punk, e logo na entrada tinha uma placa gigante proibindo o acesso de menores. Era agressivo mesmo, o que fez que a única alternativa pra mim fosse bater no Tattoo Time, do Sérgio. Ele dividia o espaço com um cara que fazia parafina pra pranchas, então era um ambiente mais do surfe, mais solar, menos assustador pra um moleque adolescente.

Azar do Sérgio. Porque depois que descobri que me deixavam entrar lá, não saí mais. Passava tardes e mais tardes perguntando, olhando as tatuagens se formarem na pele das pessoas, entendendo como as máquinas funcionavam, sentindo o cheiro da tinta.

No começo ele não quis me tatuar porque eu era muito novo, mas eu ficava lá direto. Saía da escola e ia pro estúdio. No fim acho que enchi tanto o saco que ele acabou topando.

Eu lembro que tinha uma meia dúzia de quadros na parede e escolhi um daqueles desenhos, um dragãozinho pra fazer no braço. Hoje tem um monte de gente da minha geração que tem a mesma tatuagem, porque todo mundo ia lá e acabava optando em fazer uma daquelas imagens que estavam à vista. Um dragão no braço, minha primeira tatuagem de máquina, aos dezesseis anos.

Saí da loja todo orgulhoso, mas então veio a parte difícil: encarar a família. Afinal, o desenho de um dragão no braço não é algo que um adolescente esconde da mãe por muito tempo. Ainda mais naquela época. De qualquer maneira, tentando adiar o inevitável, tapei o desenho com uma bandagem enorme antes de ir pra casa, cobri com a camiseta e achei que a família não tomaria conhecimento.

Durante algum tempo a técnica deu certo. Até que, num fim de tarde qualquer, fui trocar o curativo no banheiro e a empregada me pegou no flagra. Na hora que viu aquilo, um moleque enfaixando o próprio braço escondido, ela ficou toda apavorada, achando que eu estava machucado.

Pra piorar, a tatuagem era vermelha, algo muito novo na época, então ela não conseguia entender que eu realmente não precisava de um médico, que não tinha me envolvido em confusão nem havia sido baleado, esfaqueado ou nada parecido.

Minha mãe sabia, desde sempre, que eu queria me tatuar, e que, mais cedo ou mais tarde, ia acabar conseguindo. Mesmo assim, veio com aquela história de que eu não ia conseguir arrumar um emprego, que não ia ter futuro na vida e blá-blá-blá, blá-blá-blá.

Por outro lado, ela também já estava um pouco acostumada, porque nessa época minha irmã mais velha, que hoje é totalmente certinha, straight, tinha acabado de voltar de uma temporada em Berlim. Voltou toda punk, com o cabelo moicano colorido, a orelha coberta de brincos, e começou a frequentar clubes como o Madame Satã, o Carbono 14, o Rose Bom Bom, enfim, essas casas noturnas do movimento gótico e punk, que estava começando por aqui.

Eu via aquele pessoal lá em casa, todo mundo de jaqueta de couro, cabeça raspada, tatuagem no pescoço, coturno até os joelhos, dirigindo uns jipões velhos e falava: "Meu, esses caras são muito legais". Eram os ídolos da minha adolescência, aqueles pobres punks paulistanos, aqueles rebeldes sem causa, vagando pela noite da década perdida.

Não demorou para que eu me tornasse uma espécie de mascote da turma. Saía na balada, ia pros clubes com eles, e era sempre muito divertido apesar das confusões que, diga-se de passagem, não eram poucas.

O pessoal brigava muito naquela época. Eram os caras do subúrbio querendo pegar a gente, os metaleiros, uns cabeludos gigantes da praça Vilaboim, era sempre uma história assim. Pra mim, que era moleque, restava sempre o sebo nas canelas. O pau comia, alguém virava pra mim e dizia "Corre moleque", e eu ia, disparava no meio da rua sem olhar pra trás, pulava pra dentro do carro, ou me escondia no banheiro até a zoeira passar.

Era uma época divertida, apesar das encrencas. Com o pessoal da minha idade também, pura farra. A gente não queria nem saber de estudar. Já saía do colégio de skate, e aquilo dava uma sensação incrível de que a cidade era nossa. Ibirapuera, São Bento, Praça Roosevelt, Centro Cultural Vergueiro, era demais.

Depois, quando uns amigos mais velhos começaram a pegar o carro dos pais, sem autorização, aí virou uma beleza, a gente ia pra São Bernardo à noite, andar na única pista municipal da época, fazer umas baladas noturnas. Soltos na noite, sempre acabávamos encontrando esses *freaks*, roqueiros, punks, góticos, esses personagens de um mundo underground ainda misterioso pra mim, os caras que realmente me inspiravam.

Enquanto isso, eu continuava frequentando o Tattoo Time e levando todos os meus amigos pra se tatuarem também. Mas aí, mais ou menos nessa época, aconteceu uma coisa bem estranha, que causou um baque violento nesse incipiente mundo da contracultura. O Sérgio foi assassinado de um jeito super estranho, em Paraty, num crime que ainda hoje não foi muito bem explicado. Logo depois, um assistente do Marco Leoni também foi morto em circunstâncias misteriosas. Isso fez que ele resolvesse fechar o estúdio da Vila Madalena e montasse outro, que funciona até hoje, com outro dono, na alameda Itu.

LINDO DE DOER

O Marco era um cara esclarecido, tinha viajado o mundo e sabia muito sobre o assunto, o que não era pra qualquer um. Porque, se hoje esse mundo da body-art ainda é bastante fechado, naquela época era infinitamente pior. Não havia informação no Brasil. Então, como é que se aprendia a fazer tatuagem? Tinha de ser mafioso, puxar o saco dos caras, ou aceitar ser escravo de um tatuador até o cara resolver ensinar.

Máquina de tatuar, por exemplo. Onde é que se comprava? Não existia. A gente ouvia falar de algumas, improvisadas, feitas com barbeador elétrico, mas era impossível de encontrar no mercado. As tatuagens ainda eram vistas como coisa de bandido, e não sei até que ponto aquelas mortes tiveram ou não algo a ver com o envolvimento do pessoal com o crime organizado ou coisa assim. Não sei e também nem quero saber.

O que sei é que o Marco, um italiano divertido e levemente rabugento, não estava disposto a desistir diante dos contratempos. Ao contrário, resolveu montar um negócio muito mais vanguardista do que o anterior. Pra trazer as novidades do universo da body-art aqui pras terras brazucas, ele viajou o mundo atrás dessas coisas. E o estúdio novo ficou lindo, com vários equipamentos modernos, meio gótico, super bem decorado, recheado de informação de ponta.

Embaixo era uma loja de sapatos, Dr. Phibes, um estilo meio rockabilly, mas legal, bacana, descolado. Ao lado funcionava um restaurante chamado Notre Dame, que era de um amigo nosso, o Alezinho, que mais tarde se tornaria Alex Atala, o chefe de cozinha mais famoso e festejado do Brasil.

Era demais aquele lugar. Foi um marco na minha vida porque, como tinha a loja de calçados, eu podia entrar livremente, o que não acontecia no ponto anterior, proibido para menores. E ali, diferentemente do estúdio do Sérgio, não havia aquela mistura mais leve com o surfe, aquela atmosfera praiana, diurna. Ali era realmente o mundo da tatuagem. Underground, heavy metal, punk, dark.

Durante uma época tinha umas gringas que trabalhavam lá, umas supergatas, todas tatuadas, e eu olhava aquelas mulheres lindas, aquelas gostosas de capa de revista, olhava elas tatuando e me sentia meio que em outro mundo mesmo, num filme ou algo assim.

Foi ali também que, em 1988 ou 1989, pela primeira vez na vida eu vi um piercing que não fosse na orelha: uma argola prateada, transfixada no mamilo de um holandês. Quando o cara tirou a camiseta, eu bati o olho e falei: "Meu, o que é isso? Que coisa mais maluca. Como é que faz? Onde? Quanto custa? Eu também quero!".

Ele me explicou que tinha feito sozinho, ele mesmo, a sangue frio. Usava linha e agulha. Furava, passava, depois dava um nó e deixava a linha lá até cicatrizar. Era assim na época. Punk, roots. Depois que cicatrizava, tirava a linha e colocava uma joia. Eu achei chocante aquilo, mas ninguém mais tinha, ninguém sabia direito como colocar, então, em pouco tempo, acabei esquecendo o assunto.

Mas continuei frequentando o estúdio do Marco. Agora eu já tinha três tatuagens, todas feitas pelo Sérgio antes de ele ser morto, todas até bem discretas. Então chegou o Natal. Eu ganhei algum dinheiro de presente e resolvi que ia comprar um sapato, na loja embaixo do estúdio. Mas na hora que eu entrei lá pra comprar o pisante, todo aquele movimento, aquele barulho, aquela energia diferente, todo mundo mergulhado naquele mundo underground, as gringas exóticas, e eu olhava os sapatos, olhava as tatuagens nas paredes, na pele do pessoal, e aí já viu né?

Cheguei, entrei, dei uma folheada no álbum e disse: "É essa aqui". E o Marco nem hesitou. Eu era menor de idade ainda, mas ele falou: "Ah, você quer essa, então vamos lá". Era muito louco, o Marco. Estava virando uma espécie de celebridade com esse novo estúdio, andava pela cidade num Ford Landau impecável e era a referência de tatuagem no Brasil.

Em 1990, Marco fez a primeira convenção de tatuagem do hemisfério sul, que acontecia num galpão velho na Barra Funda, em São Paulo, com bandas incríveis, como Spider Web, Sepultura e Ratos de Porão. Reuniu tatuadores de renome internacional, como o suíço Mick, os holandeses Louise e Hanky Panky e a italiana Genziana, entre vários outros. Eu também estava lá com meu estande de camisetas, que já tinham forte inspiração da moda das tatuagens.

Mas, antes disso, saí da loja dele com o braço inchado, latejando, e três caveiras gigantes desenhadas na parte interna do braço, entre o pulso e o cotovelo: uma punk, uma samurai e uma cabeluda. O pessoal era mais maluco do que eu na época. Imagina, fazer isso no braço de um moleque, menor de idade? Insanidade total.

Depois cheguei em casa, no Natal da família, e tinha uma bandagem muito grande no braço, era muito forte mesmo, difícil pra época. No fim, claro que foi uma baita confusão, os tios todos de cara fechada e minha mãe de novo com aquele discurso de que eu nunca conseguiria um trabalho na vida. Mas eu também não estava muito preocupado com emprego, trabalho ou estudos. Achava que ia ser skatista profissional.

CAMISETAS E COGUMELOS ALUCINÓGENOS

Nunca existiu uma grande inteligência sem uma veia de loucura.

Aristóteles (filósofo grego)

Campeonato de skate em Guaratinguetá. Meu troféu: um gesso na perna.

LINDO DE DOER

Mais ou menos na época em que tatuei as caveiras no braço, consegui, com alguns amigos, um patrocinador pra nos apoiar em campeonatos de skate pelo interior de São Paulo.

Logo na primeira viagem, contudo, o grupo demonstrou que tinha níveis de doideira além do aceitável, mesmo para um esporte radical. Fomos para Guaratinguetá. Nosso patrocinador deu o dinheiro pra gente pagar as passagens de ônibus e pra alimentação, reservou o hotel e garantiu que acertaria a conta da hospedagem após a competição. Mas, já no meio do caminho, as coisas começaram a dar errado.

Lembro que estava meio dormindo, meio acordado quando o ônibus parou de repente no acostamento deserto da estrada e, de uma hora pra outra, tinha um monte de bandido armado, assaltando os passageiros. A sorte é que a gente tinha sentado lá no fundão, e, quando percebi o que estava acontecendo, peguei todo o meu dinheiro e escondi numa fresta da janela, atrás da cortina. Depois virei pros meus amigos sussurrando: "Finge que tá dormindo, finge que tá dormindo; é um assalto".

Que ideia! Só tinha uma porção de caipiras dentro do ônibus, com bota e chapéu de cowboy, e a gente, com jaqueta de couro, tatuagem, cabelo moicano. Os caras vieram direto na nossa direção. Abri o olho já levando um monte de porrada, coronhada na cabeça, e o pessoal roubando todo mundo, relógio, dinheiro, walkman e toda nossa grana. Toda menos a parte que eu tinha escondido na janela do ônibus.

Mas, enfim, apanhamos um pouco, eles levaram quase tudo, foram embora, e a gente seguiu viagem até Guaratinguetá. O hotel fazenda que tinham reservado pra gente era no meio do mato, bonitão, quarto amplo, sem muita gente hospedada. Pra quê, né? Os moleques sozinhos, no meio do nada, não demoraram cinco minutos pra esquecer a competição. Ficamos até altas horas conversando e enchendo a cara.

Quando amanheceu, depois de dormir uma ou duas horas, a gente levantou ainda meio bêbado e saiu pelo mato procurando cogumelos alucinógenos. Era uma ideologia meio punk que a gente tinha na época, uma postura meio autodestrutiva que hoje não faz muito sentido para mim, mas na época fazia.

O pior é que a gente achou os tais cogumelos, comemos um bocado e fomos pra competição, como se nada fosse. Eu estava completamente chapado, louco mesmo, a pista se mexia de um jeito diferente, e no fim, claro que acabou mal. Misturar esporte radical com alucinógenos não poderia dar em coisa boa. A equipe, nossa equipe de malucos, foi totalmente desclassificada. Ninguém ganhou nada.

Ou melhor, só eu. Levei um tombo em uma manobra, voei mais que a realidade, me esborrachei no *banks*, quebrei a perna e ganhei uma bela e vergonhosa bota de gesso.

Diante do desempenho anarcopunk-psicodélico de seus atletas, nosso patrocinador sentiu-se livre da obrigação de cumprir sua parte do contrato e nem sequer apareceu após a competição.

Os doidões, que ainda por cima haviam sido assaltados, não tinham como pagar a conta do hotel. Que fizemos então? Demos linha, perdido, fugimos sem acertar o quarto. O que, diga-se, não foi uma manobra exatamente fácil, porque era um hotel fazenda, longe da cidade, eu estava com a perna quebrada, e a gente não tinha carro. Acho que eu tive de pular num pé só durante umas centenas de metros, apoiado nos amigos, até que a gente conseguiu chegar de volta à cidade e, ainda usando o resto daquele dinheiro que eu tinha escondido, pegar um ônibus para São Paulo.

Os danos, contudo, não foram graves. Em pouco tempo a perna ficou boa, e eu voltei a fazer minhas piruetas sobre quatro rodinhas. Mas, conforme os anos se acumulavam, comecei a beber mais, a fumar, a usar várias coisas, e o skate foi cada vez mais ficando encostado. Aquela ideia de ganhar dinheiro como skatista profissional perdeu força com rapidez espantosa.

Por outro lado, eu já não ganhava mesada havia muito tempo. Diante do fato de que todo o dinheiro que caía na minha mão eu gastava com tatuagem, balada e skate, minha mãe tinha suspendido meu crédito indefinidamente. Então o jeito foi me virar. Não tinha mais muita esperança de arrumar um emprego careta tradicional, de ingressar no mundo certinho do trabalho; então improvisei, numa iniciativa que se tornaria rotina ao longo dessa minha breve existência: criei meu próprio negócio.

Camisetas. Comecei a pintar camisetas. Comprava a malha no Brás, inventava os desenhos, fazia o *silk screen*, tudo ainda voltado pro mundo do skate, e vendia pros meus amigos. Também passei a criar umas pulseiras de couro com tachas de metal num estilo também meio punk do *do it yourself*.

Dava algum dinheiro, mas claro que eu não conseguia me sustentar só com aquilo. No colégio, ia de mal a pior. Acabei num supletivo, e minha família decidiu me pôr pra trabalhar de uma vez por todas, em qualquer emprego que fosse. Me tornei office boy. E não achei nada ruim aquela história de viver pra cima e pra baixo na cidade de São Paulo. Como fazia tudo de skate, do meu ponto de vista era como se eu fosse pago pra me divertir. Mas a grana era muito curta, e, depois de um tempo, acabei arrumando outro emprego, numa loja de roupas. Também comecei a namorar e não parava mais quieto um segundo, vivia na rua, em baladas, e raramente aparecia em casa.

Então, um belo dia, depois de uma briga feia, minha mãe, cansada do meu *easygoing way of life,* apareceu na loja com duas malas:

LINDO DE DOER

— Aqui estão suas coisas. Acho que você já é homem suficiente pra cuidar da sua vida. Quer ser doidão, vai ser doidão fora da minha casa.

Fiquei meio sem ação por algum tempo, mas, diante do inevitável, obedeci. O que não tem remédio, remediado está. De uma hora pra outra saí da mordomia do Morumbi e fui pra casa de um amigo, em Pirituba. Não foi fácil. Deixar uma casa estruturada, com roupa lavada, comida feita, cama arrumada, pra ir viver de favor, num bairro mais modesto, tendo de dar jeito pra conseguir o que comer e o que vestir. Mas, atualmente, vendo tudo aquilo em perspectiva, acho que foi bom. Ótimo, na verdade. Fez que eu aprendesse a me virar sozinho logo cedo e a enfrentar na pele a realidade da maioria da juventude brasileira.

Na época, meu pai, oficial reformado da Aeronáutica, me mandou uma carta incrível, falando de responsabilidade, que eu tinha de ser um homem, e que as coisas iam se acertar cedo ou tarde. Apesar de sempre termos vivido um pouco distantes um do outro, ainda guardo comigo aquilo que ele me escreveu. Então todo aquele processo foi realmente bom. Hoje tenho plena consciência disso. Mas, na época, não foi assim tão simples, e levei anos pra voltar a falar com a minha mãe.

De qualquer maneira, exilado na minha própria cidade, tratei de arrumar meu espaço no mundo. As coisas foram se aprumando rápido. Em pouco tempo, com o dinheiro que eu ganhava na loja de roupas, consegui alugar um apartamento bacana, nos Jardins, que dividia com um colega do shopping.

Paralelamente, enquanto fazia meu sustento como vendedor, fui expandindo o negócio das camisetas com a Veruska, minha namorada na época. A gente começou também a fazer bermudas, jaquetas de couro, e aos poucos fomos distribuindo pra várias lojas descoladas em São Paulo.

Nesse meio tempo, o padrasto da Veruska estava abrindo uma loja de roupas populares e me chamou pra trabalhar com ele, pra ajudar sobretudo na divulgação. Queria algo que alavancasse as vendas, algo novo, diferente. Pensei um pouco no assunto e tive a ideia, não muito original é verdade, de colocar anúncios num programa de ofertas na televisão. Ele topou e, de uma hora pra outra, virei garoto propaganda. Quase todo dia gravava comerciais apresentando as ofertas e ainda acumulava o cargo de gerente de uma das lojas.

Nunca trabalhei tanto na vida. De segunda a segunda no batente, sem descanso e com uma baita responsabilidade. Eu, um moleque de dezoito anos, tinha de comandar uma equipe de quarenta pessoas. E o pior: respondia direto pro sogro.

Mas aprendi a trabalhar. Passei a ganhar uma grana boa, mudei pra um apartamento na Vila Madalena e consegui realizar um dos meus grandes sonhos de criança: comprei uma Harley Davidson. Chopper, 1947, totalmente *cult*, rabo duro, sem amortecedor, frente estilingue, alongada, *easy ryder* mesmo. Rodei a cidade inteira até achar essa moto, no Ipiranga. Em troca dei minha XL 350, que era praticamente nova na época. Acho que perdi um bocado de grana, mas não importava. O que significavam alguns trocados diante de um sonho realizado? Eu sempre quis aquilo: ser um cara cabeludo e tatuado e sair pelo mundo pilotando uma moto dessas.

E era demais andar de Harley por São Paulo naquela época. Porque, como essas motos ainda eram muito raras, chamavam muita atenção. Mas muita mesmo. Quando o dono de uma Harley cruzava com alguém pilotando outra na rua, parava pra conversar, encostava do lado, ou esticava até chegar no cara, não importava quem fosse ou onde estivesse. Foi assim, por exemplo, que eu conversei pela primeira vez com o apresentador Jô Soares. Pilotando uma Harley, ele parou ao meu lado no semáforo e puxou assunto sobre a minha moto. Mal sabia eu que dali a alguns anos teria um outro papo com ele, bem mais longo, como convidado no sofá do *Jô Soares Onze e Meia*, programa que ele tinha no SBT.

Depois que comprei a Harley, rodava sempre com uns caras mais velhos, que acabei conhecendo em Pinheiros, um pessoal meio da pesada, que consertava motos. A gente ia sempre pro interior de São Paulo, em geral pra cidade de Itu.

Hoje pode parecer coisa de criança, isso, de tiozão que não teve autorama, pegar a moto e pilotar uma centena de quilômetros até a cidade mais próxima. Mas, na época, era ligeiramente diferente.

A gente caía na estrada com aquelas motos de cinquenta anos pra cima, rodava alguns quilômetros, e alguma coisa invariavelmente logo quebrava. Daí o grupo tinha de parar, ficava um tempo remendando do jeito que desse, tomava umas cervejas, fumava uns baseados, dava uns tecos, andava mais uns quilômetros até quebrar mais alguma coisa, e assim a gente levava um dia inteiro pra cumprir um percurso que, de carro, levaria algumas horas.

Durante vários meses a gente se reuniu quase todo fim de semana pra viajar. Era sempre muito divertido, e de alguma forma aquilo já começava a me dizer que eu não conseguiria suportar aquela vida careta de trabalho e camisetas por muito mais tempo. De alguma forma, a motocicleta substituiu a liberdade que eu tinha andando de skate. E se tem um vício que eu nunca vou largar é esse. Vou dar minhas bandas em duas rodas até o dia de partir desta pra melhor.

Enquanto passava os dias livres rodando pelas estradas do interior, durante as noites eu continuava frequentando os clubes, que começavam a se multiplicar pela cidade, como o Anny 44, o Hoellish, o Aeroanta, e o Rose Bom Bom. Já tinha formado uma turma de amigos que continuam comigo até hoje: o Arthur Veríssimo, que hoje é repórter especial da revista *Trip*; o Zé Gonzáles, DJ que ajudou a construir o Planet Hemp, o Ale, da Ultra, o Jaiminho, um *punk* velho que fazia uns cintos de couro, e vários outros. Muitos outros.

Enfim, estava tudo indo bem. Trabalhava feito um condenado, mas conseguia guardar meu dinheirinho. O namoro andava um pouco prejudicado porque eu não conseguia mais tempo pra ficar com a Vê, mas, mesmo assim, a gente se gostava, então íamos caminhando. Até que apareceu um senhor chamado Fernando Collor de Mello. Em 1990, ele virou pra gente e perguntou: "Cadê seu dinheiro? Ah, está na poupança, que bom! Então me dá ele aqui."

Eu era jovem, tinha uma graninha, ia fazendo minhas coisas, investia nas minhas roupas, estava pronto pra triunfar, aí vem o sujeito e leva tudo embora? Nossa, foi muito pesado aquilo. Tinha uma grande produção de jaquetas preparada pro inverno, couro e estampa de zebra, uns produtos chocantes, mas, de repente, não havia mais dinheiro no mercado.

A grana sumiu, evaporou, virou poeira. De uma hora pra outra, todos os pedidos foram cancelados e as lojas começaram a devolver o material. Era nosso sonho se desmanchando numa velocidade estontante. Me revoltei diante daquilo, diante da passividade do nosso povo. Decidi que não ia mais viver neste país, que ia embora, morar nos Estados Unidos.

Garota, eu vou pra Califórnia, andar de Harley com minhas tatuagens ao sol da liberdade americana!

Mas, pra isso precisava de um visto, o que não estava nada fácil na época, já que, com a recessão por aqui, um monte de gente teve a mesma ideia. Por via das dúvidas, seguindo os conselhos de minha progenitora, prendi o rabo de cavalo, tirei os brincos, coloquei uma camisa de manga comprida pra esconder a tatuagem e fui lá, punhos abotoados, fazendo cara de certinho, bom-moço, filhinho de mamãe.

Mas quem eu ia enganar, né?

A funcionária empertigada da embaixada bateu o olho em mim, abriu meu passaporte e *tum*, sapecou um carimbo de "negado". Eu olhei aquilo e pensei: "*Well*, a América que se foda. Eu vou pra Europa".

American dream is over, man!

Mais tarde, apesar da minha faceta *easy rider*, da minha Harley e da minha afinidade com essa filosofia de suposta liberdade que a América prega, aos poucos fui percebendo que era muito mais influenciado pelo universo anarcopunk e underground, algo muito mais europeu do que norte-americano. A vida é uma estrada reta, ainda que cheia de curvas.

UMA PASSAGEM SÓ DE IDA PRO VELHO MUNDO

O que interessa na vida não é prever os perigos das viagens; é tê-las feito.

Agostinho da Silva (filósofo português)

Visto francês: porta de entrada para novos rumos.

LINDO DE DOER

Encontrava-me eu nesse processo automeditativo, sedento por exílio, ruminando sobre os rumos do meu futuro, quando um amigo DJ falou que estava indo com a namorada pra Europa, passar algum tempo viajando sem rumo, esquema mochilão. Eu nem deixei ele acabar de me contar. Não pensei duas vezes. Vendi minha Harley, entreguei o apartamento, terminei o namoro com a Veruska (parte difícil) e comecei a visitar os amigos pra me despedir, porque não sabia quando voltaria ao Brasil. Só sabia que ia demorar.

Numa dessas, passei no estúdio do Marco Leoni; assim que falei que estava indo pra Europa, ele ficou todo empolgado. "Lógico que você tem que ir pra Europa!", berrou com o jeitão de *capo* hippie dele. "É lá que as coisas acontecem. E se você for, a gente vai se encontrar na Inglaterra porque eu vou participar de uma convenção de tatuagem, em Dunstable, vai ser fantástico."

Diante da animação do meu amigo, me empolguei ainda mais, anotei a data e o endereço da tal convenção, dei um grande abraço no Marco e me mandei do Brasil, sem passagem de volta.

Algum tempo depois, estava na Espanha. Vinte e dois anos, uma mochila de roupas, um punhado de *traveler's checks*, um guia turístico e esse casal de amigos como companhia. Fiquei mais ou menos um mês por lá, provando haxixe, descobrindo coisas malucas, como a boate Pacha e o mundo da música eletrônica, que estava explodindo por lá. Mas não segui por muito tempo na península Ibérica.

Depois de zoar até não poder mais na terra das touradas e de dar uma rápida passada na França, me despedi dos meus amigos e segui pra Inglaterra, já pensando na possibilidade de encontrar o Marco.

Quando cheguei em Londres, o amigo de um amigo que me recebeu já era todo tatuado, com a orelha coberta de brincos. Eu olhei aquilo, olhei em volta e pensei: "Chocante, aqui é o meu lugar". Arrumei um quarto numa hospedagem forrada de veludo, banheiro coletivo no corredor, me matriculei numa escola de inglês e liguei pra uma amiga, uma modelo linda, sexy, mais velha, que não achou má a ideia de se tornar guia por algum tempo, me apresentando a Londres real.

Passei uns bons dias como uma espécie de turista underground. Visitamos o Kings Road, onde o movimento punk teve um de seus marcos com a loja Sex, do Malcolm McLaren e da Vivienne Westwood; o Kensington Market, um mercado gigantesco onde só tinha roupas e artigos alternativos; a Carnaby Street, onde ficava o joalheiro do Keith Richards e outros artistas fantásticos; a Portobello Road, onde aos sábados também tinha um mercado incrível a céu aberto, e a inacreditável Camden Town, o paraíso dos estilos.

Mas o que mais me fascinava naquele mundo londrino não eram os lugares, as lojas ou as histórias. Era notar que as pessoas realmente tinham liberdade de expressão. Cada um se vestia do jeito que quisesse, o que acabava por tornar a arte corporal algo muito mais corriqueiro do que aqui. Além das tatuagens, aos poucos eu comecei a ver o pessoal com piercings na orelha, na sobrancelha e no lábio. Não era algo extremamente comum, mas estava lá pra quem prestasse atenção.

Nada do que vi em termos de modificação corporal, contudo, se comparava ao que encontrei em Dunstable. Porque, depois de mais ou menos um mês perambulando por Londres, eu tomei um trem e fui lá, na data e hora marcada, encontrar o Marco Leoni na convenção de tattoos.

Era um galpão gigantesco, cheio de Harley Davidsons paradas na porta, todo mundo vestido de couro, com a pele coalhada de tatuagens e piercings, mas de um jeito e com uma intensidade que eu nunca tinha visto antes. Eu, caipira do Terceiro Mundo, topava com aquilo e falava: "Nossa, isso realmente existe! E existe de uma forma muito mais fantástica e real do que eu pudesse imaginar!".

Olhava aquelas pessoas e me fascinava com a sensação de liberdade que o jeito delas se vestirem denotava. Mais do que isso, olhava um pessoal mais velho, uns motoqueiros barbudos, com a pele impregnada de tinta, e me via daquele jeito no futuro. Novamente me via naquela imagem de *easy rider* que, por algum motivo, estava impressa no fundo da minha cachola desde que Andrezinho era moleque.

Assim, em estado de êxtase e contemplação, passei algum tempo flanando pela feira. Não demorou muito para que, do meio daquela fantástica fábrica de modas estranhas, surgisse a figura simpática e irreverente do Marco Leoni. A gente se abraçou, demos um bocado de risada, eu olhei em volta e falei:

– Cara, que loucura é essa?

– Pois é, meu caro, isso já está acontecendo faz tempo por aqui – ele respondeu –, mas logo mais vai dominar o mundo.

Passei o dia lá, zanzando de um estande pro outro, depois voltei de trem pra Londres. Mas já voltei mudado, com aquele universo ecoando dentro da minha cabeça, envolto numa certeza de que, de alguma forma, eu tinha de fazer algo relacionado àquilo.

Algum tempo depois da convenção, acabei descobrindo que um inglês, Doug, que namorava uma brasileira, ia viajar pra terra do presidente Collor e precisava de alguém pra ficar na casa dele, em Kings Cross, no centro de Londres. O Doug era um coroa *supercool*, adepto das doutrinas naturebas, que não bebia, não fumava e mantinha distância das drogas.

Diante de toda aquela pureza, achei que o cara ia olhar pra mim, figura do jeito que eu era, e me botar pra correr. Mas logo no primeiro encontro a gente já foi conversando e ele contou que tinha sido punk na década de 1970, tinha feito todas as doideiras que eu estava fazendo na época. Ele me entendia completamente e a gente se deu superbem, de cara.

Em alguns dias eu estava instalado na casa nova, um loft no último andar do prédio. Passaria a morar com o gato dele, que eu devia manter minimamente seguro e alimentado. *No problem,* sempre gostei de bichos em geral, incluindo os gatos. O apartamento ficava bem do lado da estação de trem Kings Cross, num lugar meio barra-pesada, cheio de junkies, mas que tinha uma atmosfera que me agradava, uma coisa bem urbana.

Antes de vir ao Brasil, contudo, o Doug ainda teve tempo de me dar mais um empurrão rumo ao submundo da noite londrina.

– Ah, você é alternativo, né? – ele falou para mim. – Então vou te levar num lugar de que você vai gostar.

Era uma casa noturna só pra iniciados, chamada Slimelight. Ficava perto do meu novo apartamento e só entrava quem fosse convidado por alguém. Uma espécie de VIP after-hour underground, onde a gente podia consumir bebida alcoólica depois das 23h, o que era proibido em quase todos os bares londrinos. Uma espécie de *squat*, um galpão gigante, com dois andares, um lugar muito cult, que, por sinal, existe até hoje. Embaixo tocava música industrial, eletrônica; em cima, rock mais voltado pra onda gótica.

Era como o cenário de um filme, com várias tribos reunidas, malucos cuspindo fogo, umas brigas que começavam do nada, uns caras caindo de bêbados. Eu olhava aquilo, comparava com os clubes que havia frequentado no Brasil e ria sozinho. Em São Paulo, o pessoal se fantasiava de punk, gótico e alternativo só de fim de semana. Lá não, as pessoas eram assim em tempo integral.

O próprio governo, por meio de incentivos como o seguro-desemprego, por exemplo, permitia que se vivesse assim, numa espécie de realidade paralela. Tinha gente que se transformava mesmo em personagem, estava sempre lá, com a mesma roupa, a mesma postura, vivendo naquele mundo com uma intensidade que não existia no Brasil do sr. Collor de Mello.

FUTEBOL, BRIGAS DE RUA E AGULHADAS EM SÉRIE

> *É possível descobrir mais sobre uma pessoa numa hora de brincadeira do que num ano de conversa.*
>
> Platão (filósofo grego)

Cartão do Andi.

LINDO DE DOER

Nessa época, enquanto mergulhava cada vez mais no mundo underground da noite londrina, eu dividia os dias entre minhas aulas de inglês e a procura por alguma atividade que me garantisse uns trocados.

Tarefa que, com o pouco que eu falava do idioma nesses primeiros meses, não era nada fácil. Em qualquer restaurante, bar, boate ou o que fosse em que eu passasse em frente, sempre tentava uma vaga. Mas chegava lá dizendo só *"Looking for job, looking for job, looking for job"*. O pessoal olhava pra mim e devia pensar algo do tipo: "Sai daqui, macaco subdesenvolvido".

Nessas me meti em várias roubadas memoráveis. Numa delas, acho que foi o primeiro bico que consegui na Inglaterra, ouvi dizer que precisavam de um jardineiro pra trabalhar durante um dia. Desesperadamente necessitado de uns trocados, fui lá, num lugar longe até não poder mais, fora da cidade. Quando cheguei, era uma dessas casas de campo que a gente vê nos filmes, com vitrais que davam pro jardim, mordomo, governanta, etc.

Um sujeito lá me deu uma enxada, e disse:

– Você vai abrir uma trincheira aqui porque a gente vai construir um muro. Cava um buraco de um metro e vinte de profundidade, um de largura e catorze de comprimento.

Fazia um puta frio, eu olhei aquilo e pensei: "Bom, nunca servi Exército, então aqui está uma boa oportunidade"; passei o dia inteiro cavando, feito um coveiro. Fiz tudo certo, do jeito que eles queriam, e no fim da tarde, quando chegou a hora de receber, não tinha mais ninguém na casa. Tudo vazio e trancado.

Me deu uma baita vontade de espatifar os vitrais com a enxada, mas me controlei. Encostei a ferramenta num canto e voltei pra Londres de trem, todo dolorido, com a mão cheia de bolha e profundamente emputecido. Nunca recebi um tostão por aquele trabalho. Por aí já fui vendo que o mundo europeu não era tão bonzinho quanto eu podia imaginar.

Mas, depois de algum tempo dando murro em ponta de faca, descobri uma agência de empregos que me arrumava alguns trabalhos humanamente aceitáveis e, o mais importante, devidamente remunerados. Trabalhei como carregador, como faxineiro numa escola pra crianças e, coisa bem bizarra, limpando uma rua depois de um atentado a bomba, perto de uma estação de metrô.

Na época, os atentados, geralmente executados pelo IRA (Exército Republicano Irlandês), eram relativamente comuns. Alguém da organização ligava pra instituição que ia ser explodida e dava cinco minutos pra evacuação do prédio. Depois, *cabum!*

E, bagunça feita, sempre precisavam de alguém pra limpar. Nesse atentado que eu trabalhei, tinham estourado um caminhão-bomba, que abriu um buraco de uns quatro metros de profundidade e estilhaçou as janelas dos prédios num raio de dois quarteirões. Ou seja, caco de vidro que não acabava pro macaco subdesenvolvido aqui recolher.

Em geral, os trabalhos que eu pegava eram assim, pesados mesmo, *hard stuff*, porque eu tinha o cabelo comprido, os braços cheios de tatuagem, então era mais difícil arrumar emprego num restaurante, por exemplo, que era de onde a maioria dos estrangeiros tirava o sustento. Como eu não me importava em pegar no batente de verdade, sempre sobrava algum trampinho pra mim.

Enquanto isso, sempre que possível eu continuava minhas incursões na noite londrina. Com o tempo fui conhecendo as pessoas e ficando conhecido também. No Slimelight, não demorou pra que os seguranças me deixassem entrar sem estar acompanhado, e passei a bater ponto por lá. Estava, de certa forma, inserido nesse mundo underground.

Ao mesmo tempo, tinha clareza de que esse pessoal era muito legal comigo, muito aberto, enquanto estavam doidões, durante as festas. No dia seguinte, contudo, se eu cruzasse com eles na rua, era capaz de eles nem me cumprimentarem, me olharem como mais um *chicano*, apenas mais um incômodo imigrante do Terceiro Mundo.

Pensando bem, não sei exatamente por que me deixavam andar com eles, penetrar naquele mundo, ainda mais que meu inglês continuava bem longe do ideal. Talvez por conta do meu visual divertido, todo tatuado, cabeludo, e também pelo fato de ser brasileiro. É provável que eu exalasse algum exotismo, algum charme tropical que soasse curioso e divertido aos olhos britânicos.

Durante um tempo eu vivi assim. Era querido, sempre tinha uma balada pra ir, mas não mantinha uma relação real de amizade com ninguém. Até que um dia estava na Slimelight, vestindo uma regata da convenção de Dunstable, e um cara veio puxar assunto. Perguntou se eu tinha ido ao evento e onde havia feito aquelas tatuagens. Eu disse que estivera em Dunstable e que os desenhos que cobriam meu braço eram *made in Brazil*. Genuína body-art tropical.

O nome do cara era Andi Bone, um punk, revestido de tatuagens, cabelo descolorido, típico londrino, mas incrivelmente gente boa. Hoje está com síndrome do pânico. Acho que fumou tanto e tomou tanta coisa que não consegue mais nem sair de casa. Mas na época ele era um cara muito bacana mesmo. Tatuador, tinha um estilo de desenho que imitava ossos, ou *bones* em inglês, de onde tirou o nome artístico. Na noite em que nos conhecemos, falou de várias convenções. Depois eu o convidei pra ir em casa, tomar um chá, assistir a uns filmes; em alguns dias, nos tornamos bons amigos.

LINDO DE DOER

Era um punk genuíno o Andi. Às vezes, bem agressivo inclusive, no estilo que se inspira nos skinheads, que na Inglaterra é conhecido como oi!. Na verdade, o oi! é um estilo de música, uma vertente do punk rock, um som com uma pegada urbana, agressiva, que surgiu nos subúrbios londrinos e que se reflete também no modo de vida dos seus adeptos.

Eu saía com o Andi e, com esse meu jeito latino, de alguma forma, acho que acabava amenizando toda aquela raiva que ele tinha da vida; então, pode-se dizer que era uma amizade saudável. Ou quase, porque vez ou outra a ira dele era maior do que meu, digamos, poder pacificador.

Numa dessas, a gente estava indo jogar bola, em Finsbury Park, um bairro de maioria negra, no norte de Londres, num campeonato entre o pessoal do clube que eu frequentava e de outra casa noturna. Um monte de marmanjo tatuado, vestido de preto, jogando bola no parque à tarde. Chocante.

Mas, antes do jogo, quando o Andi foi estacionar o carro, um cara que vinha atrás colou na traseira da gente e meteu a mão na buzina. O Andi, daquele jeito anarcopunk britânico, se achando um próprio *hooligan*, colocou a cabeça pra fora e gritou: "*Fuck you, nigger*". Algo como "Vá se foder, crioulo", em bom português.

O cara saiu do carro e parecia que estava levantando em prestações, de tão grande que era. Foi até o lado do motorista e já deu um soco direto na cara do Andi. Eu saí pelo lado do passageiro, contornei o carro, fui até o cara, dei uns murros nele, mas não fazia nem cócegas no grandalhão.

Enquanto isso, a mulher que estava com ele desceu do carro e começou a pedir ajuda, dizendo que a gente estava batendo no marido dela, enquanto o mais provável é que o sujeito, que mais parecia um armário embutido, batesse em nós dois. Só sei que imediatamente começaram a aparecer uns negões de tudo que era canto; a última coisa de que eu me lembro é de um punho gigante, quadrado, cheio de anéis, me acertando em cheio no nariz. Tomei um nocaute, apaguei e fiquei lá, todo estourado, sangrando, pelas atitudes do meu amigo.

O lado bom foi que, quando os caras viram que eu caí no chão e ali fiquei, saíram todos correndo, provavelmente achando que tinham me matado. Depois de algum tempo eu voltei à vida, levantei meio zoado, meio tonto, limpei o sangue do rosto, tomei uma cerveja, fumei um baseado e fui jogar bola.

A amizade com o Andi, apesar do perigo iminente que era sair com ele na rua, continuou. Algum tempo depois da pancadaria, a gente foi a uma das convenções de tatuagem e piercing de que ele tinha me falado. Era em Leeds, uma cidadezinha no interior da Inglaterra, e foi muito divertido porque eu estava andando no meio dos estandes quando, do nada, me apareceu o Marco Leoni. Mais uma vez a gente passou um tempo junto e mais uma vez eu olhava em volta e tinha certeza de que queria trabalhar com algo relacionado àquele universo, em especial com perfurações.

Quando falei isso pro Andi, ele se virou pra mim, deu uma risada e disse: "Pô, por que você não me disse antes? Um dos poucos caras que fazem piercing na Inglaterra, o Grant, trabalha comigo, no meu estúdio de tatuagem, que fica em casa".

Era assim naquela época. Mesmo na Inglaterra não havia estúdios voltados exclusivamente ao body-piercing. Os únicos profissionais da área atendiam a domicílio ou junto de tatuadores, às vezes em vários estúdios ao longo da semana.

No ato me empolguei completamente com a ideia, e alguns dias depois o Andi me ligou:

– O Grant vem aqui em casa amanhã. Você não quer aproveitar pra fazer seu primeiro piercing?

– Quero, lógico.

– Então vem pra cá.

– Vou, lógico.

E fui. Dormi no apartamento do Andy depois da balada, e acordei no meio daquele bando de anarquistas que sempre sobravam por lá, que pareciam ter saído de uma revista de história em quadrinhos. Uns franceses, ingleses, irlandeses, escoceses, uns punks impecáveis, com os cabelos moicanos cintilantes de colorido, caras que passavam horas se arrumando pra conseguir o visual perfeito.

Nessa época, eu já tinha tentado fazer um piercing uma vez, em Kensington Market, num estúdio de tatuagem onde, segundo a placa da entrada, também se fazia perfurações.

Eu entrei lá e topei com um inglês todo mal-humorado, mal-encarado, de saco cheio, querendo pegar dinheiro de turista trouxa. Me faltou coragem ou bom-senso pra virar as costas e ir embora e fiquei lá, feito um banana, enquanto o sujeito veio com uma pistola de furar orelha e *plau!*, espetou o brinco no meu nariz, de qualquer jeito, sem qualquer técnica.

Na época eu não sabia, mas esse tipo de pistola não deve, de maneira nenhuma, ser usada na colocação de piercings, porque, como são feitas de plástico, é impossível esterilizá-las corretamente. Além disso, os brincos de pistola são finos demais, e o material é de baixa qualidade. Na verdade, nem perfurações para brincos comuns deveriam ser feitas com essa técnica.

Como resultado, claro que o negócio não cicatrizava, ficou inchado, doendo, infeccionado, todo mundo falando pra eu tirar porque tinha inflamado, mas eu insistia e continuava com o nariz cada vez mais inchado, feito o filho do Bozo. Até que o Grant chegou pra mim e disse que não dava mesmo, que não se faz piercing com pistola e que eu tinha de tirar aquilo antes que meu nariz apodrecesse de vez e caísse feito uma ameixa madura.

Essa primeira experiência levemente traumática não foi suficiente pra diminuir minha fascinação com o mundo piercer, e eu estava lá, firme, esperando pela próxima tentativa, trazida pelas agulhas do Grant.

LINDO DE DOER

Naquela manhã ele chegou, montou o equipamento num quarto separado e começou a furar aquele bando de *freaks*. E todo mundo que se metia a colocar piercing queria a mesma coisa: genital. Eu olhava aquilo e achava um pouco demais pra mim. Começar espetando uma agulha no pau não parecia boa ideia. Por outro lado, um furinho na sobrancelha ou na orelha (sendo que eu já tinha brinco) soava meio bobo, sem graça. A alternativa foi a língua, que também era diferente, exótico, e até erótico, por que não?

Eu fui lá, ele mandou eu colocar a língua pra fora, secou bem a saliva com uma toalha de papel, marcou as coordenadas pelos lados e pela frente, e *plau!*, passou a agulha com cateter, depois tirou a agulha, inseriu a joia, atarraxou a bolinha e pronto. *I was tongue pierced.* Sem saber, vivenciava um ritual protagonizado há milênios por povos astecas, e em rituais budistas na Tailândia.

Na hora nem senti muita dor, porque a língua é um músculo, a agulha é muito afiada, então não dói tanto mesmo. Depois veio aquela sensação incômoda, de ter alguma coisa estranha na boca, que no começo dá uma certa dificuldade de respirar. Eu sabia já que a língua ia inchar então tentei não me preocupar muito com aquilo, e na mesma noite a gente já saiu pra continuar a festa em algum lugar, eu já bebi pra caramba e assim foi. Fiz tudo que hoje desaconselho a meus clientes, mas, felizmente não houve nenhuma complicação.

Depois de um tempo, já com a língua desinchada, com uma joia menor, liguei pro Grant de novo e pedi pra ele vir em casa. Queria furar o mamilo. Algum tempo depois ele chegou com a maleta de tortura. Entrou, sem cerimônias pediu pra eu tirar a camisa, desinfetou o local, pegou a pinça, apertou, inspira, expira e *plau!*

Nossa! Eu não tinha ideia de que era uma dor como aquela. Uma sensação tão forte que apaga todas as outras, deixa completamente zonzo por alguns instantes, tira realmente do ar. Depois vem a consciência de que alguma coisa ficou dentro do corpo, uma sensação de invasão, do metal dentro de você, que, apesar de ser mais rápida e pontual, é muito mais forte e intensa do que quando se faz uma tatuagem, por exemplo, que fica só na parte externa.

Agora tinha o mamilo perfurado, como os guardas do imperador romano faziam há milhares de anos, em rituais para demonstrar lealdade, força e virilidade.

FIONA E O PRIMEIRO BRILHO FLUORESCENTE

Amo-me a mim próprio demasiado para poder odiar o que quer que seja.

Jean-Jacques Rousseau (filósofo suíço)

Fitas cassete caseiras: primeiras músicas trance, 1993.

LINDO DE DOER

Eu convivia cada vez mais com o mundo da noite londrina, mas os únicos empregos que arrumava ainda eram de estivador pra baixo. Não me importava. Gostava de pegar no pesado. Por outro lado, queria algo mais próximo do universo em que eu orbitava, que tivesse mais a ver com aquela turma onde começava a me inserir. Como meu inglês já estava bem melhor, me senti seguro pra tentar alguma coisa, e saí batendo nos bares e clubes da região.

Em pouco tempo descobri um clube, o Electric Ballroom, onde a gerente me disse que estavam precisando de um *glass collector*. Eu nem sabia do que se tratava, e ela me explicou que a função consistia, basicamente, em recolher os copos vazios, levar pra uma máquina de lavar, depois devolver tudo limpo no bar.

Achei legal, bacana o trabalho. Ganhava uma graninha que dava pra me sustentar, bebia de graça e ainda via várias bandas e DJs que curtia na época. E quando o clube fechava, a gente limpava tudo, apagava a luz, e ia pro Slimelight, que funcionava até de manhã cedo.

Aí não teve mais jeito. Eu não era mais apenas um frequentador da noite londrina. Agora fazia parte daquele universo, estava metido nas engrenagens do mundo underground, e contribuía pra que elas continuassem funcionando devidamente. No trabalho, acabei começando um namoro com uma jornalista inglesa que escrevia sobre música no jornal *Daily Mirror*.

Tipicamente inglesa, a Fiona: olhos azuis, pele bem branca, levemente ruiva, meio espiritualizada, mística, adepta de religiões orientais. Além disso, como boa repórter, era superconectada. Recebia convites pra eventos diversos, então a gente ia a vários shows incríveis de graça. Ficava no *backstage* de concertos do Alice in Chains, Motörhead, White Zombie, varias bandas que eu admirava e que, de repente, estavam lá, a alguns metros de distância.

De repente eu estava jantando na casa do Würzel, baterista do Motörhead, uma banda que me influenciou demais, e eu lá, sentando no sofá, brincando com o cachorro, a família toda reunida, numa cena completamente surreal pra mim.

Foi também por conta de Fiona que acabei conhecendo outra vertente de baladas, só de música eletrônica, onde as pessoas se vestiam de um jeito diferente, mais colorido, onde era tudo iluminado por lâmpadas fluorescentes, num mundo completamente oposto àquele em que estava mergulhado, cheio de figuras alegres e receptivas, inspiradas por figuras místicas indianas.

Eram as festas de trance psicodélico, que já há algum tempo começavam a se multiplicar por Londres. Ao invés daquele bando de punks, daquele universo predominantemente masculino, meio torcida de futebol, nessas festas as mulheres apareciam em peso, as pessoas vinham te abraçar, o ecstasy dava outro tempero a tudo isso e, *uau!*, aquela música também virou minha cabeça.

A maioria das festas acontecia em *squats*, casas vazias que eram invadidas e transformadas em moradia por jovens, que também aproveitavam pra promover grandes baladas, sempre de maneira ilegal, sem que a polícia soubesse. Com o tempo, essas festas se popularizariam cada vez mais, sofreriam influência indiana trazida por neo-hippies e acabariam se transformando nas raves como conhecemos hoje.

Quando acabavam as festas havia os after-hours, depois os *chill-outs* – reuniões que aconteciam na casa de alguém, em geral também *squats*. Aí rolava uma música mais calma, mas o ambiente continuava colorido, as pessoas abertas, a gente tomava chá, conversava por horas esperando a brisa do ecstasy passar, e assim iam os fins de semana.

Nesse universo, a exemplo do que acontecera nos primeiros clubes, eu também reparava muito no jeito como as pessoas se vestiam e, claro, nos piercings. Porque aí as pessoas também já estavam se perfurando, mas iam além. Enquanto nas festas de rock e metal as joias eram muito parecidas, no mundo da música eletrônica começava-se a usar peças coloridas, fluorescentes e havia uma influência tribal muito mais clara.

Aos poucos a relação com a Fiona foi ficando mais séria, e depois de algum tempo a gente resolveu ir morar junto. Alugamos uma casa na Portobello Road. Chocante. Aos sábados tinha aquele mercado a céu aberto inacreditável, isso sem falar que personalidades míticas, como Jimi Hendrix, tinham morado naquela vizinhança.

E era um bairro mais refinado, não havia aquela montanha de junkies de King's Cross. Claro que a vizinhança também tinha seus traficantes, mas eram todos estilosos, uns negões de cabelo black power, parados na esquina, vestindo capas de veludo colorido.

Lembro da primeira vez que comprei maconha com um cara desses, na quadra de casa. Quando abri o bagulho pra fumar vi que era puro orégano. Tinha caído no conto mais velho que existe. Mas claro que cedo ou tarde acabei cruzando com o sujeito que evidentemente não sabia que eu estava morando lá.

Eu cheguei junto, reclamei, e o cara falou "Ah, espera aí, se você mora por aqui, então eu te vendi o errado, o seu é esse aqui ó", e me deu o bagulho certo. Tinha pensado que eu era turista, explicou.

Era divertido morar ali. Me permitia viver uma rotina muito livre, do jeito que eu gostava. Era uma vida simples. Não podia comprar nem ter muita coisa, porque o dinheiro que ganhava com os bicos da agência e catando copos mal era suficiente pra eu me manter. Mas, de certa forma, isso era interessante, porque comecei a me educar a viver de uma forma que ia contra o capitalismo americano, algo que no Brasil estava tão na moda.

Comecei a me aproximar da filosofia punk do faça você mesmo também durante os dias, no meu estilo de consumir, de comprar coisas de segunda mão, num esquema econômico semimarginal, mas que funcionava superbem e me dava praticamente tudo de que eu precisava.

Por algum tempo Fiona e eu vivemos numa boa, mergulhamos fundo nas festas de trance, que também vinham com uma aura de mistério, porque se realizavam em locais secretos, às vezes até afastados da cidade, o que dava um charme especial à experiência da noite.

Mas, conforme a convivência foi se tornando rotina, a loucura da gente ficou um pouco exagerada, eu me cansei da vida de casado, a gente acabou se separando e fui morar com o Andi.

Algum tempo depois que me mudei, assim, meio que do nada, acabei mergulhando em outro mundo, ainda mais maluco e underground do que aquele por onde eu circulava até então: festas de fetiche.

Eram eventos muito doidos que o Andi ajudava a montar e que recebiam o convidativo nome de Torture Garden, algo como Jardim das Torturas, em português. Eram festas de música industrial, que vinham pontuadas por performances com loiras esculturais moldadas em roupas de vinil, chicoteando homens amordaçados, e as pessoas tinham de ir superproduzidas, com fantasias futuristas, góticas, caóticas, que tivessem a ver com sensualidade, que despertassem a libido.

Havia garotas pós-adolescentes na flor da curiosidade dos dezoito aninhos, velhões barbudos completamente tatuados, casais gays marombados desfilando de mãos dadas e só de tanguinha de couro, e mega porno stars do momento levando cinco caras puxados por coleiras. Bizarro!

Quando entrei ali, com aquela profusão de mulheres eroticamente lindas, produzidas para mexer com o subconsciente masculino, e quando percebi que elas achavam bastante graça no exotismo sul-americano que eu representava, aí é que não teve mais como continuar o relacionamento com a Fiona.

A vida tornou-se vertiginosamente divertida, trash e punk. Não havia mais diferença entre trabalho, diversão, balada e casa, porque, afinal, o apartamento do Andi era um estúdio de tattoo, e o Grant trabalhava lá fazendo piercings. Então já não havia mais dúvida. Eu virei pro Grant e falei que queria acompanhar ele, que queria que ele me ensinasse a fazer aquilo.

O MESTRE OFERECE A SOBRANCELHA À AGULHA DO DISCÍPULO

Um bom mestre tem sempre esta preocupação: ensinar o aluno a desvencilhar-se sozinho.

André Gide (escritor francês)

Primeira perfuração no mestre Grant Dampsey, em Londres.

*D*urante algum tempo apenas assisti. Toda vez que alguém ia ser espetado em casa, eu estava lá, prestando atenção total. Quando já tinha olhado bastante, o Grant me deu uma pinça e uma agulha, sentou na minha frente, e, segurando a própria sobrancelha entre o indicador e o polegar, virou-se pra mim e disse: "Se você quer fazer, então vamos fazer".

O mestre se submete ao discípulo e, consequentemente, aos próprios ensinamentos. Foi assim minha primeira perfuração. Saiu perfeitinha, limpa e precisa. Não sangrou mais do que devia e não ficou nenhum hematoma depois. Porque, às vezes, em perfurações de sobrancelha que saem errado, é comum veias serem perfuradas, e no fim sobra um olho roxo enorme, como se o piercer tivesse dado um soco no cliente.

Os "brincos" de sobrancelha são um caso à parte na história dos piercings. Ao contrário da maioria das perfurações, não há relatos na história de povos que se enfeitassem dessa forma. Ao que tudo indica, a prática foi inventada no início da década de 1990, pela geração da música eletrônica, pelos futuristas da internet, adeptos dos princípios ideológicos que regiam as raves. Peace, Love, Unity, Respect. Ou Paz, Amor, Unidade, Respeito. Ou simplesmente, PLUR.

Hoje, pensando naquela primeira perfuração, posso dizer que ela foi quase o contrário do que deve ocorrer num estúdio e do que ocorre hoje, no meu dia a dia profissional. Porque eu, com a agulha na mão, estava nervoso, ansioso e morrendo de medo do que poderia acontecer. E o Grant, na condição de cliente, estava calmo, seguro e no controle da situação.

Mesmo assim foi demais. E, se antes de empunhar uma agulha eu já tinha desenvolvido certo fascínio pela coisa, depois essa paixão aumentou exponencialmente.

A posição do piercer pode parecer banal, mas, na verdade, é bastante complexa. Primeiro porque envolve uma intensa e subjetiva comunicação com o outro, que em geral está ali apenas para colocar uma joia e se tornar mais atraente, sexy, sedutor.

A maioria não quer sentir dor, mas a dor, necessariamente, faz parte do processo. Por outro lado, há casos raros de pessoas que, ao contrário, estão justamente em busca da dor. O piercer, portanto, tem um papel quase xamânico, de avaliar a situação daquela pessoa que está diante dele num momento crucial e delicado, e de saber dar a resposta necessária para que tudo saia bem.

Nas culturas tribais, onde as perfurações corporais surgiram e continuaram sendo praticadas ao longo dos tempos, elas geralmente são parte de todo um processo de amadurecimento dos indivíduos e estão inseridas em um ritual. Em geral, uma das etapas desse ritual é justamente preparar a pessoa para enfrentar a experiência que envolve dor, que requer coragem, que leva à superação dos limites.

Na nossa cultura, não há mais espaço para rituais ocorrerem da mesma forma, mas essa preparação, feita por alguém que esteja no controle da situação e que saiba identificar as variantes envolvidas, ainda tem de estar presente.

É muito comum, por exemplo, pessoas aparecerem no estúdio querendo fazer a perfuração o quanto antes, esperando que tudo acabe rápido. Querem ter o piercing, mas não querem passar pelo processo, pelo ritual que leva a ele.

Afinal, a maioria daqueles que fazem uma perfuração está em busca do resultado estético apenas. Eu, de minha parte, busco sempre manter contato também com o lado ritualístico e espiritual. Tento fazer que meus clientes percebam esses outros aspectos, tento fazer que aquela ação que está ocorrendo de forma tão intensa em uma determinada parte do corpo seja vivida e vivenciada com a calma e o tempo necessários.

Foi só ao longo dos anos que acabei percebendo essa necessidade do tempo exato para que aquelas experiências fossem assimiladas. Hoje está muito claro para mim que é preciso, de certa forma, recuperar o ritmo e os processos ritualísticos.

Se eu levo uma pessoa pra maca e perfuro no ato, é muito provável que aquela dor cause um choque tão grande que acabe por figurar como um trauma para ela. É necessário, portanto, encontrar um andamento, um tempo ideal para que as coisas aconteçam. E o mais desafiador é que esse tempo é diferente para cada ser humano que eu já espetei.

A respiração é parte importantíssima do processo de perfuração. É como na vida: tem uma decisão difícil a ser tomada, respira fundo e vai adiante. A hora da agulhada é semelhante, por exemplo, ao momento que precede o pulo da plataforma de bungee jumping: ninguém salta no vazio sem tomar uma boa dose de ar antes.

A respiração, ou a falta dela, é, inclusive, o que geralmente motiva a perda de consciência, coisa que não é tão incomum entre as quatro paredes do estúdio. Quando a pessoa entra em choque, uma das reações do organismo é paralisar a respiração, o que leva ao desmaio. Por isso, a calma e o tempo exato são essenciais. Inspirar fundo e expirar no momento da dor.

Eu não sabia de tudo isso na primeira perfuração, nem seria possível. Esse é um aprendizado que só se conquista depois de muita prática, depois de fazer muita gente desmaiar, de fazer muita coisa errada. Foram necessárias várias perfurações para que a minha mão realmente parasse de tremer, para que eu estivesse completamente calmo e seguro, passando essa sensação para o cliente. Hoje calculo que, para se adquirir total segurança na profissão de piercer, são necessárias cerca de mil aplicações.

A sorte é que, no começo da minha carreira, as pessoas que me procuravam eram aqueles malucões frequentadores do mundo underground londrino, punks, *freaks,* com a pele dura feito couraça de jacaré. Então, nesse início, não fiz muita gente desmaiar não. Além disso, acho que tem um componente genético-cultural aí também.

Os ingleses são frios, impassíveis, estão acostumados com aquele clima que castiga constantemente o corpo. Depois eu teria contato com outros povos em que as reações seriam bem diversas. Os italianos, por exemplo, são superescandalosos, gritam, choram e desmaiam em situações que não fariam nem cócegas nos meus amigos londrinos. Mesmo no Brasil eu veria essa diferença, por exemplo, entre o pessoal do Sul, que é mais durão, e o pessoal do Norte e do Nordeste, mais sensível e manhoso.

O fato é que a primeira foi apenas a primeira, mas o que eu senti naquele momento foi uma corrente de adrenalina narcoticamente deliciosa que parecia irradiar da ponta da agulha pro restante do meu corpo. Além do prazer ao assumir esse papel, também percebi que aquilo era parte do futuro, que em pouco tempo todo mundo ia querer uma picadinha no mamilo, e que era grande a chance de acabar ganhando algum dinheiro manejando as agulhas.

Depois da iniciação, comprei algumas pinças e agulhas do Grant e comecei a perfurar os amigos do clube onde eu recolhia os copos sujos. E não faltava trabalho. Porque, por um lado, aquilo era uma moda que estava se espalhando com uma rapidez impressionante pela Europa, mas, por outro, havia pouquíssimas pessoas que sabiam como fazer as aplicações.

Hoje essas informações estão em todo o canto, basta uma passeada pelos domínios de São Google para topar com toneladas de dados sobre perfurações. Na época não era assim. O conhecimento estava restrito a um gueto e era algo valioso, a ser protegido. Aquilo que Grant me passava de bom grado era um segredo normalmente guardado a sete chaves.

Então, de posse do conhecimento sagrado da ordem das agulhas, fui aos poucos cativando minha clientela. Furava os amigos de graça, cobrava uns trocados do amigo do amigo, e assim ia, ganhando uma graninha e aprendendo os macetes de uma nova e inédita profissão.

Nesse começo furava principalmente lugares mais simples, como orelha, nariz e sobrancelha, e ao mesmo tempo tentava buscar outras informações sobre o assunto, que eram extremamente raras, esparsas e imprecisas.

Nessa época, assim como atualmente, havia dois métodos distintos de se fazer perfuração: o americano e o britânico. O Grant dominava os dois, mas costumava perfurar pelo método britânico, que foi o que acabei seguindo também.

A técnica havia sido desenvolvida por Alan Oversby, mais conhecido como Mr. Sebastian, um sujeito que, na época em que vivi em Londres, havia se tornado uma espécie de lenda urbana. Todo mundo falava dele ou já tinha ouvido falar, mas ninguém sabia onde encontrá-lo.

De qualquer forma, no método que ele desenvolveu, usavam-se agulhas da marca Abocath. Eram agulhas grossas, de aço, semelhantes às desenvolvidas para anestesia raquidiana. Vinham revestidas por um cateter de plástico e eram geralmente usadas em veterinária, pra inserir sondas intravenosas nos animais. A veia era perfurada pela agulha que, depois de retirada, deixava o cateter lá dentro.

Para a colocação de piercings o procedimento é o mesmo. Só que depois se insere a joia por dentro do cateter, que funciona como uma espécie de guia e é retirado a seguir. Atualmente o método britânico ainda é bastante adotado no mundo, e há uma ampla gama de agulhas com cateter, o que vem tornando as perfurações cada vez mais seguras. Os cateteres, hoje, são muito mais finos, e penetram melhor do que antigamente.

Já o método americano foi desenvolvido por Jim Ward e Doug Malloy, um casal de gays excêntricos que faziam festas de fetiche em São Francisco, nos Estados Unidos. Em 1975 eles fundaram a Gauntlet – primeira empresa de piercings do mundo, que tinha lojas em Los Angeles e em Nova York. No método americano não se usa cateter. A joia é inserida imediatamente após a agulha, o que torna o procedimento muito mais complexo e arriscado, já que não há nada que impeça a joia de escapar do curso no momento da perfuração.

Demorei um bom tempo para reunir todas essas informações e, enquanto isso, depois de muita peregrinação por várias cidades da Inglaterra, descobri a Wild Cat, uma empresa em Brighton que me oferecia todo o material de que eu precisava.

Até então, a gente só usava tesouras e pinças cirúrgicas, que piercers adaptavam para perfurações e revendiam numa espécie de mercado negro. As informações de quem vendia o quê eram passadas no boca a boca, e em flyers distribuídos em locais específicos como, por exemplo, as festas de fetiche.

Mas essa empresa era diferente. Primeiro, eles vendiam filmes e revistas sobre fetiche e modificação corporal, onde havia muita informação de vanguarda. Depois, comercializavam todo o equipamento propriamente dito, desenvolvido especialmente para aplicação de piercings: as pinças, as agulhas e as joias, que também começavam a ter um design diferenciado.

Nessas minhas pesquisas, entre outras coisas fantásticas, tive contato, pela primeira vez, com um livro que acabaria por se tornar uma grande bíblia para mim: o *Modern primitives*. Havia sido escrito por Fakir Musafar, um americano que durante anos viajou o mundo pesquisando culturas tribais, principalmente da Índia, e trouxe essas práticas para rituais urbanos.

LINDO DE DOER

O impacto social do que ele dizia e mostrava foi tanto que, no fim da década de 1980, o governo britânico chegou a tentar proibir o livro, o que só fez aumentar sua fama. Foi ali que, pela primeira vez, li algo sobre suspensão humana. Sem saber que um dia teria a resposta na própria pele, eu olhava aquelas fotos e me perguntava por que e como alguém podia fazer aquilo com o próprio corpo.

Foi nesse livro também que tive o primeiro contato com o conceito de faquir e vi o lado espiritual que pode estar aliado ao mundo dos piercings e das modificações corporais. Até então, para mim, a única relação possível desse universo com o plano espiritual era a imagem de Jesus Cristo pregado na cruz.

Conforme eu lia, as perguntas se multiplicavam e as respostas me levavam a outras descobertas. A dor que leva à expansão da mente, que tem a ver com a sublimação da matéria, que está relacionada com o que buscam os iogues e assim por diante.

Passei a vivenciar o mesmo fenômeno – das pessoas se perfurando, modificando o próprio corpo e lidando com a dor – a partir de vários pontos de vista. Além dos punks, roqueiros e metaleiros que queriam viver o momento, expandir os limites do prazer e da dor com o próprio corpo, buscar o fetiche e a atração carnal, surgia este outro aspecto também: das pessoas que estavam atrás de espiritualização e autoconhecimento.

Essas informações e tendências todas se cruzavam, se misturavam e se reproduziam na minha frente. Nessa época, a Madonna, usando um piercing na língua, publicou o livro *Sex*, que era carregado de sadomasoquismo. O estilista Jean Paul Gaultier lançou, nas passarelas da moda, uma coleção chamada *Modern primitives*, totalmente inspirada no livro do Fakir Musafar.

Depois vieram outros: Jane's Addiction, Red Hot Chili Peppers, George Michael, Aerosmith, todo mundo aparecendo com piercing nos videoclipes. Aos poucos a moda underground se popularizava.

Ao mesmo tempo, esses ingredientes gradativamente eram atraídos para um mesmo caldeirão, que borbulhava, cozinhando a grande novidade em termos de diversão adulta: música eletrônica.

As festas nos *squats* haviam se tornado uma febre na Inglaterra e começavam a se espalhar pelo mundo. Os DJs europeus já tinham ido pra Índia e começavam a produzir raves a céu aberto no mundo todo. O ecstasy era a droga do momento, e a juventude em massa queria experimentar esse novo fenômeno. Uma vez que entravam nesse mundo, pessoas de diversos setores da sociedade tinham contato também com as várias vertentes da arte corporal, incluindo os piercings. No fim, não eram poucos os que também se propunham a experimentar a nova tendência.

Nas ruas era possível ver que isso também estava acontecendo, que aquela moda metálica contagiava e se espalhava por setores diversos da sociedade. O tempo todo as pessoas me paravam na rua, apontavam para os piercings na minha orelha, língua e lábio, e perguntavam onde eu tinha feito, diziam que queriam fazer também. Realmente não era nada difícil conseguir novos clientes.

Apesar desse grande interesse, não havia lugares específicos para se fazer piercings; e com o que eu ganhava ainda não dava nem pra sonhar em abrir uma loja. A grana era curta mesmo, tanto que, enquanto ia aprimorando minha técnica nas agulhadas, continuava trabalhando como *glass collector* e, claro, frequentando as festas de fetiche, que se tornavam cada vez mais intensas e divertidas.

Numa dessas comecei um relacionamento com a Emma, que era algo como o sonho masculino em forma de mulher. Uma motoqueira modelo de fetiche, linda, sexy, escultural, que trabalhava fazendo fotos para revistas fetichistas especializadas em roupas de látex. Lembro que a gente foi pra Brighton, numa moto de corrida, uma Kawa Ninja ou algo assim, curtir as praias de nudismo juntos, eu na garupa dela, experiência assustadora e deliciosamente única.

Além da Emma, o Andi tinha várias amigas croatas, que meio que se refugiavam na Inglaterra. Ilegais, elas exerciam a simpática função de strippers nas festas de fetiche e, claro, estavam sempre em casa, com suas presenças, digamos, ilustres.

O erotismo e o fetichismo viviam muito próximos de mim naquele tempo. Mesmo porque ainda era quase exclusivamente a partir dessa perspectiva que as pessoas enxergavam o universo dos piercings. Das mulheres que perfuravam a língua para melhorar o sexo oral, da curiosidade que despertava uma joia encravada na cabeça do pau, do arrepio de excitação causado por duas argolas no mamilo. Eu também enxergava as coisas por essa ótica, e só muito mais tarde, aos poucos, fui percebendo as várias facetas desse mundo.

De qualquer forma, foi uma época muito divertida mesmo. Pena que durou pouco. O dinheiro era curto, e estava na hora de voltar pro Brasil.

UMA CÂMARA DE TORTURA NA SALA DE ESTAR

Escolha um trabalho que ama e você nunca mais terá de trabalhar na vida.

Confúcio (filósofo chinês)

De volta ao Brasil.

LINDO DE DOER

Já havia morado quase um ano na Inglaterra, mais um inverno se aproximava, e a perspectiva de passar os próximos meses congelando, sem ver um raiozinho de sol, desanimava este brasileiro semi-índio. A ideia de voltar ao Brasil ganhava força, mas, ao mesmo tempo, não fazia sentido desembarcar por aqui de mãos abanando.

Por outro lado, também não tinha dinheiro pra comprar os equipamentos necessários pra iniciar um negócio de piercings no Brasil. Aliás, não tinha mais dinheiro pra comprar nada, nem um *fish and chips*. A solução foi ligar pra minha irmã, explicar que estava pensando em começar uma nova carreira, e ver se ela não poderia interceder junto à família pra descolar uns trocados.

– Mas piercing? Isso não existe no Brasil – ela se espantava ao telefone.

– É claro que não existe. Por isso é que vai ser um sucesso – respondi, tentando soar o mais convincente possível.

Assim, no fim de 1993, depois de uma festa despedida de fetiche, consegui voltar ao Brasil com algumas joias, pinças, vários livros sobre o assunto e um bom tanto de coragem, achando que as coisas iam realmente dar certo. Chegando em casa, mostrei os instrumentos pra família e expliquei mais detalhadamente como funcionava tudo aquilo. Na época, ninguém sabia o que era piercing. As pessoas comuns achavam que o meu *barbell* na língua era um aparelho para corrigir algum defeito de dicção. E minha mãe, minha irmã e meu padrasto, claro, acharam que eu tinha voltado mais louco do que antes.

O pior é que, tenho de confessar, eu estava bem zureta mesmo, olhando tudo de um jeito diferente. Depois de viver tão intensamente a liberdade europeia, não era fácil voltar para um país que ainda tentava reaprender o que era democracia e, pior, voltar a morar na casa da mãe.

De qualquer forma, eu não estava disposto a voltar pra um emprego qualquer, e muito menos a manter distância do universo noturno underground. Então, uma das primeiras coisas que fiz, como não podia deixar de ser, foi organizar uma festa. Na época, o Marco Leoni tinha vendido a Tattoo You pro Sérgio da Led's Tattoo, e eu consegui que o Marco me apoiasse pra gente fazer uma espécie de evento promocional no Columbia.

Foi chocante.

No andar de cima, o Mark Taberner, um inglês amigo meu, tocava música eletrônica, um set voltado pra vertentes de house e techno. Embaixo teve show do Anjo dos Becos, uma banda meio ska, skate. O convite também era supertransado, com uns piercings e tatuagens, e o pessoal foi a caráter, com roupas modernas, diferentes, enfim, demais, a festa.

Durante a balada, reencontrei vários amigos, muitos deles também voltando de temporadas no exterior, e logo passamos a sair juntos com frequência. Em pouco tempo havíamos formado uma turma pra curtir tudo que a noite paulistana podia oferecer. Quando não estávamos produzindo nossas próprias festas, perambulávamos pelos clubes paulistanos, fingindo que estávamos em Londres. Lembro que quase sempre saíamos eu, o Piu Marques e o Guigo, dois amigos ainda da época do skate, e umas garotas que tinham morado em Londres durante algum tempo.

Em geral a gente ia pra uma boate chamada Allure, nos Jardins, onde tinha umas patricinhas gostosíssimas que saíam sempre com a gente e com o Zé Gonzáles, e adoravam o Zé, porque ele já tinha se tornado um DJ famoso.

Era uma época em que a música eletrônica começava a se popularizar na cidade, com casas como o Sra. Kravitz, que era mais voltado ao público gay, mas onde tocavam os DJs brasileiros de vanguarda na época, como o Mau Mau e o Renato Lopes.

A gente ficava na curtição até altas horas da matina, e quando as baladas normais terminavam, acabávamos quase sempre no Love Story, um clube tradicional da noite paulistana, famoso por abrigar as moças da vida, sedentas por diversão após noites de trabalho duro.

A vantagem do Love Story é que não fechava antes das dez horas da manhã, e ficava todo mundo dançando e curtindo, como se estivesse num after-hour londrino. Com o tempo a gente acabou fazendo amizade com os DJs; eles colocavam as nossas fitas pra tocar e ficávamos lá, completamente chapuletas.

Até que, em uma dessas noites sem fim, uma profissional da casa, incomodada com nossas performances, queimou meu olho com o cigarro. Horrível a sensação da brasa atingindo minha córnea. Saí daquele lugar para nunca mais voltar.

Algum tempo depois, o Piu teve a ideia de montar, ele mesmo, um after-hour nos moldes londrinos, o Hell's, que passou a funcionar no porão do Columbia e foi um importante marco na noite paulistana.

A partir dessas festas e dos contatos na noite, o pessoal foi sabendo que eu tinha voltado e que estava começando com a história dos piercings. Aquilo foi correndo num telefone sem fio até que, pouco tempo depois, eu abria a porta da sala de estar do nosso apartamento no Morumbi pro meu primeiro cliente.

O Kinho, na época, era estagiário na revista *Trip* e hoje é diretor de redação da *Rolling Stone*. Numa tarde qualquer, ele foi em casa com a cara e a coragem, pra fazer um piercing no mamilo. Antes mesmo que ele sentasse na cadeira pra ser perfurado, minha família inteira – minha mãe, minhas irmãs e até a empregada – já tinha se aboletado no sofá pra ver a tal da perfuração.

Existiam na época pouquíssimas pessoas com piercing no mamilo no Brasil, e todos eram feitos de maneira improvisada, com linha e agulha. Ninguém tinha as pinças certas, as agulhas e as joias de aço. Era um grande mistério aquilo tudo.

LINDO DE DOER

Mas o Kinho estava lá, corajoso. Na verdade, ele parecia melhor do que eu, que tremia feito louco, branco de medo de fazer alguma coisa errada. Quando ele tirou a camisa, eu me controlei, fiz assepsia no local, a marcação, mandei ele inspirar, expirar e *plau!*, fiz a perfuração certeira, perfeita.

Ele já tinha feito tatuagem e estava um pouco acostumado com esse tipo de coisa, mas mesmo assim baqueou bastante por causa da dor, porque o piercing no mamilo é muito doloroso mesmo, eu já sabia disso.

Contrariada, espiando os acontecimentos do seu sofá, minha mãe não achou muita graça naquilo tudo. Reclamou que eu estava transformando a sala de estar da casa dela numa câmara de tortura pra malucos tatuados.

Mas no fim deu tudo certo. O Kinho ficou feliz com o resultado e a gente se despediu naquela situação engraçada, os dois tremendo, suando frio, com a mão branca e o lábio roxo, mas ambos felizes e aliviados pelo trabalho ter saído a contento.

Esse primeiro procedimento bem-sucedido já foi suficiente pra que algumas outras pessoas começassem a me procurar pra colocar piercings. E diante da baixa empolgação de minha mãe com a possibilidade da sala dela se tornar uma "câmara de tortura", passei a procurar um lugar onde pudesse me estabelecer como profissional.

Durante um tempo fiz alguns trabalhos em estúdios de tatuagem diversos, além de atender a domicílio. Depois passei a dar plantão na loja de tatuagem do Led's, no Brooklin.

As coisas iam caminhando, alguns clientes apareciam, mas ainda era muito pouca gente. As pessoas tinham medo porque as perfurações corporais continuavam a ser algo muito novo e estranho.

Eu tinha ouvido falar de uma única outra pessoa que fazia piercings em São Paulo. O apelido dele era Sacha, mas eu nunca o encontrei pessoalmente, nem conheci ninguém que tivesse feito perfurações com ele. Corria o boato de que se tratava de um comissário de bordo, por isso tinha facilidade de trazer materiais de fora. Mas o tal Sacha era quase uma lenda urbana também, e esse universo continuava sendo completamente desconhecido e misterioso para a maior parte das pessoas.

Por outro lado, algumas personalidades da época começaram a me procurar, e eu fiz um piercing no lábio do Dinho Ouro Preto, outro no nariz do João Gordo, e aquilo foi, muito lentamente, se tornando mais popular.

Nesse começo, cada um que vinha, cada perfuração que eu fazia e dava certo era uma grande conquista. Não só porque sentia que minha aposta na nova profissão estava perto de trazer algum retorno, mas, principalmente, porque eu ainda não tinha a calma e a frieza que um piercer profissional deve ter.

Era sempre muito tenso espetar a pele dos outros. Uma constante briga pra firmar a mão e pra conseguir fazer o serviço sem desmaiar ou fazer o cliente desmaiar. Cada espetada benfeita vinha acompanhada de um grande sentimento de alívio.

ENTRE REPÓRTERES E BANDIDOS

... the cure for anything is salt water – sweat, tears, or the sea.

Isak Dinesen
(pseudônimo de Karen von Blixen-Finecke, escritora dinamarquesa)

Staff do estúdio na praça Benedito Calixto.

LINDO DE DOER

Os clientes demoravam a aparecer, e a grana minguava rápido. Eu saía pela cidade distribuindo flyers em portas de clubes, em casas noturnas e em lugares descolados. Numa dessas, fui até a Carmim, uma loja de roupas na rua Oscar Freire, onde havia trabalhado como vendedor. Quando o meu antigo patrão me viu, no ato me chamou pra voltar a trabalhar com ele, ajudar a trazer um pouco da modernidade londrina pros guarda-roupas paulistanos.

Eu não achei má ideia, porque estava mesmo precisando de dinheiro. Por outro lado, não queria voltar a ser balconista. Essa fase tinha ficado no passado e voltar a ela seria um retrocesso na minha vida profissional.

Depois de algum tempo de conversa, decidimos que eu ficaria encarregado de coordenar a produção na fábrica e fazer a ponte com as duas lojas da franquia. O salário era bem melhor do que qualquer dinheiro que eu já tinha ganhado até então, e acabei aceitando. Virei uma espécie de coordenador-geral da marca.

Fui assim, tocando a vida, fazendo um piercinzinho aqui, outro ali, até que um dia eu estava na loja que fica na esquina da Oscar Freire com a rua da Consolação e apareceu uma mulher querendo saber quem era o cara que fazia o lance dos piercings.

Era uma tal de Erika Palomino, que trabalhava pro jornal *Folha de S.Paulo* e queria me entrevistar na loja. Na hora eu fiquei meio sem saber o que fazer, liguei pro meu patrão pra pedir autorização, e ele disse "Lógico, cara, vai lá, aproveita e fala um pouco da loja, vê se consegue mostrar nossa marca".

No fim saiu uma página inteira no caderno Ilustrada, com muito destaque, falando da nova moda da geração dos anos 1990, de liberdade e das influências europeias. Pra arrematar, estamparam uma foto minha com a língua de fora mostrando a argola prateada.

Algum tempo depois, a repórter Erika Palomino, que na época era estagiária do jornal, iria praticamente inaugurar um novo setor do jornalismo de comportamento brasileiro, com a coluna Noite Ilustrada, voltada para a fauna dos clubes e pro universo underground da boemia paulistana.

A matéria foi muito importante pro setor, ajudou a tornar o universo piercer mais conhecido, mas não aumentou minha clientela de modo significativo. Espetar qualquer parte do corpo que não fosse a orelha ainda era algo muito inusitado, e uma única reportagem não seria suficiente para mudar o medo e o preconceito das pessoas. De qualquer forma, me senti um pouco mais seguro na profissão. Era como se o fato de ser conhecido, de algum modo, legitimasse e trouxesse pro mundo real aquilo que eu estava fazendo.

Conclusão: larguei o emprego e resolvi me dedicar só às agulhadas. Mudei meu local de plantão pra outra Led's Tattoo, que ficava na rua Aspicuelta (Vila

Madalena), e saí de novo da casa da minha mãe pra dividir um apartamento no Brooklin. Estava fazendo uma aposta arriscada, mas nada a que eu já não estivesse acostumado. Essa loja era um pouco maior que a outra e tinha uma cozinha onde eu instalei meu estúdio. Perfurava os clientes num desses bancos de vinil preto, geralmente usados em salas de espera.

O local em si era bem improvisado, mas os cuidados com a higiene eram os mesmos que tenho hoje: luvas e agulhas descartáveis, joias e demais materiais esterilizados em autoclave.

A aids já estava aí nessa época, e não havia como ser de outra forma. Diante da profissionalização, a clientela ia aumentando, ainda que num ritmo muito mais arrastado do que eu gostaria. Mas o negócio parecia que ia dar certo. Apesar de, bem nesse começo, ter havido um episódio traumático que quase me fez abandonar esse universo de uma vez por todas.

Era um dia lindo, de sol forte, e eu cheguei à loja tomando uma água de coco. Cheguei, sentei, eu com meu coco, na cadeira logo na entrada, e não deu cinco minutos entraram três caras. Eram três caras magros, de bermuda, com jeito de traficante pé de chinelo, e entraram já na noia, de arma em punho, gritando que era um assalto, mandando eu levantar a mão e olhar pro chão, não olhar pra eles.

– Cadê as pratas, cadê as máquinas de tattoo? – os caras iam gritando, enquanto rendiam o Tino, que tinha comprado a loja do Led's, e os clientes, inclusive duas meninas, na sala de aplicação. Eles subiram comigo e com um outro cara, colocaram a gente lá em cima e saíram revirando a casa. Acontece que, pro nosso azar, o Tino tinha porte e, não sei por que ideia infeliz, guardava uma arma no estúdio.

Não demorou pros caras acharem a arma e aí a coisa ficou realmente feia. Os bandidos eram três caras magrinhos, e todo mundo que trabalhava na loja era grande, cheio de tatuagens e piercings; os caras já deviam estar com um pouco de medo, pensando que a gente pudesse reagir. Quando acharam a arma, se esfumaçaram todas as possibilidades de diálogo. Saíram gritando, apontando pra todo mundo, apavorando e perguntando de quem era a pistola. Sem muita alternativa, o Tino deu um passo à frente e disse que era dele.

Antes que a frase de confissão acabasse, os caras já estavam dando várias coronhadas na cabeça dele. Fizeram a gente tirar a roupa e continuaram batendo. Ele caía no chão, os caras esperavam ele levantar e batiam mais, até ele cair de novo. Chutavam ele no chão. Arrancaram o piercing que ele tinha no mamilo, e continuaram batendo até que eu não aguentei mais e gritei pra eles pararem. Na hora o cara virou e me deu três coronhadas também, que me renderam oito pontos na cabeça. Mas pelo menos pararam de espancar o Tino.

Depois juntaram todo mundo, todos pelados, sangrando, completamente estourados, fizeram a gente deitar no chão e começaram a dar tiro pra cima. Era uma cena de chacina mesmo, terrível. No fim, quando cansaram de tocar o pavor, desceram com a gente, trancaram todo mundo na cozinha, e foram embora levando os equipamentos da loja que valiam alguma coisa. A gente ficou um bom tempo gritando até um vizinho ouvir e abrir a porta. Ligamos pra polícia e em poucos minutos várias viaturas chegaram ao estúdio. Mas, ao contrário do que podíamos esperar, quando viram aquele monte de tatuado mal-encarado sangrando, acharam que estavam diante de uma briga de gangue ou coisa parecida, e enquadraram todo mundo. Levou um bom tempo pra gente explicar que focinho de porco não era tomada e que nós, na verdade, éramos as verdadeiras vítimas.

Essa foi, de longe, a pior experiência que eu tive na vida. Porque quando você se acidenta, cai de moto, como também já aconteceu comigo, é ruim, mas de alguma forma você se colocou naquela situação, tem algum controle sobre ela. Quando alguém aponta uma arma pra sua cabeça, com toda aquela violência, você está totalmente entregue, totalmente privado da sua liberdade. Não há nada pior do que isso.

Após algum tempo, o Tino felizmente se recuperou, mas a gente nunca mais voltou àquela loja. Fechamos e fomos procurar outro lugar, porque foi tão chocante e traumático que ninguém tinha mais ânimo pra voltar lá. Acabamos mudando pra uma casa na praça Benedito Calixto, também na Vila Madalena.

Apesar do trauma e da tristeza de passar por uma experiência dessas, a vida seguiu seu curso, e o trabalho aumentava lentamente. Algum tempo depois da matéria na *Folha de S.Paulo*, um outro repórter me procurou, dessa vez da revista *IstoÉ*. E mais uma vez saiu uma reportagem enorme, com muito destaque, sob o título "Lindo de doer". Essa segunda matéria se somou à primeira, e tenho a impressão de que, a partir daí, os piercings se sedimentaram na mídia, deixaram de ser apenas um fato pitoresco para tornarem-se algo real e palpável, uma parte documentada e comentada do mundo da moda.

Então, quando as coisas já caminhavam mais depressa por aqui, comecei a namorar a Flávia Ceccato, uma gracinha de garota, na época estilista da Zoomp. A gente se apaixonou perdidamente, e ela ficou fascinada com o meu estilo de vida, com as coisas que eu contava que tinha visto lá fora. Afinal, não era pequeno o poder de sedução que o submundo londrino exerce sobre alguém que aspirava trabalhar com moda no Brasil.

Na mesma época, em 1994, o Marco Leoni me ligou e disse que estava organizando uma convenção em Bolonha, na Itália, que não tinha ninguém pra fazer piercing, e que, se eu fosse até lá, ia ganhar uma nota preta.

Conclusão: Flavinha e eu, duas crianças, dois pós-adolescentes loucos e apaixonados, arrumamos as malas e partimos pra mais uma aventura que, como toda boa viagem, mudaria minha vida para sempre.

RAVES E FAQUIRES

Liberdade é pouco. O que eu desejo ainda não tem nome.

Clarice Lispector (escritora brasileira)

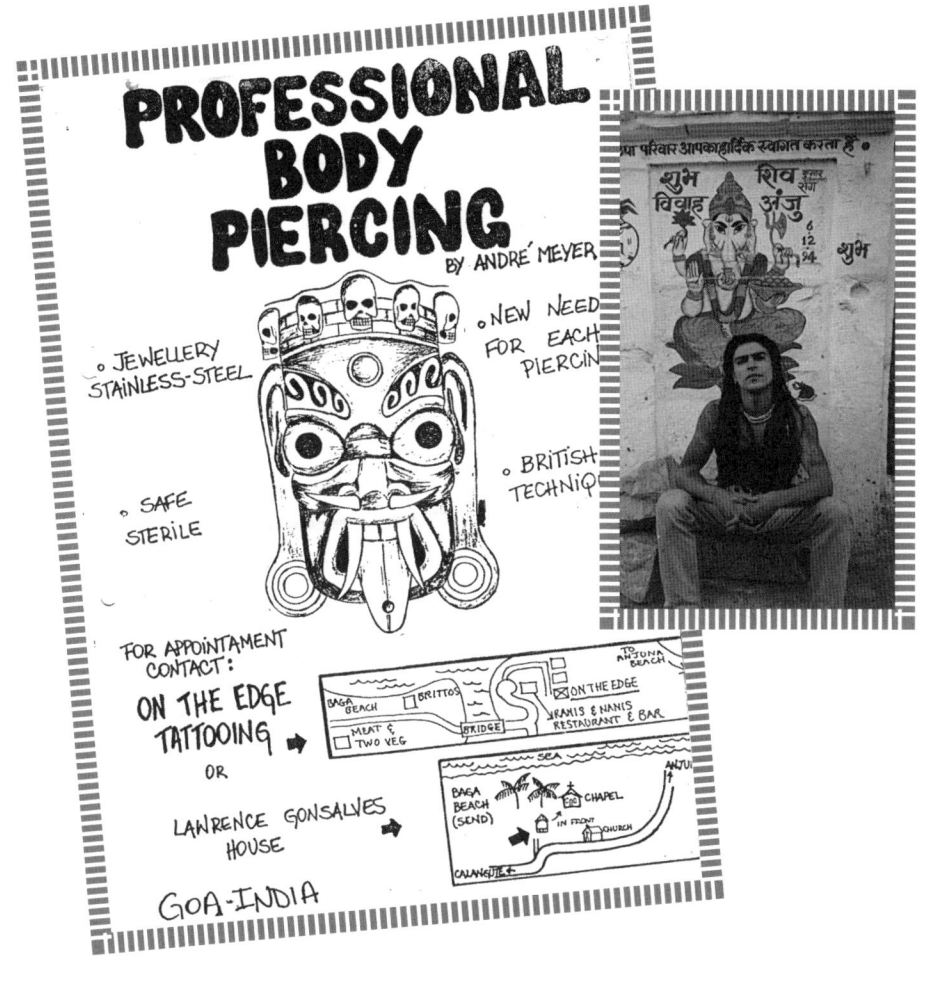

Material de divulgação em frente ao estúdio em Goa, Índia.

LINDO DE DOER

Primeiro a gente foi pra Inglaterra, ficar na casa do Andi. Levei a Flávia às festas de fetiche e de trance, e ela, que não estava acostumada com esse mundo, achou tudo fantástico e divertidíssimo. Passamos dez, vinte dias por lá, espetei algumas orelhas e mamilos, peguei um material fiado com o Grant, e seguimos viagem.

Da Inglaterra fomos pra Alemanha, de lá pra Holanda, depois pra Itália; eu sempre com meu kit de pinças e agulhas embaixo do braço. E, diante da liberdade de espírito dos europeus, aonde quer que eu fosse sempre tinha alguém que queria ser perfurado. A gente ia juntando uns trocados aqui, outros ali, o que nos permitia continuar na estrada.

Quando chegamos à Itália, fomos nos hospedar na casa do Marco. Ficamos lá um bom tempo, sozinhos, até que um belo dia me aparece o Arthur Veríssimo com a mulher e o filho recém-nascido. A Flá e eu, tivemos, claro, de ceder nosso confortável aposento para a família feliz. Acabamos apertados e instalados na cozinha, com o fedorento gato do Marco (desse gato eu não gostava tanto quanto o do Doug).

A invasão do território não parou por aí. Em pouco tempo a casa estava apinhada de malucos. Saía gringo por todos os lados. Gente do mundo inteiro que tinha se aboletado por lá por conta da convenção. Lembrando daquela época, chego à conclusão de que minha vida era na cozinha. Em São Paulo colocava piercing na cozinha do Led's, na Itália dormia na cozinha do Marco, e assim caminhava a humanidade.

A convenção era gigantesca, inspirada no trabalho de biomecânica, do designer suíço Hans Rudolf Giger, criador do visual do filme *Alien*, que estava em alta na época. Chocante!

No fim, como o mago Marco havia previsto, deu pra ganhar uma grana que era suficiente pro próximo passo, um salto, na verdade, quase um voo rasante. Resolvemos ir pra Índia.

O país, de certa forma, era o destino natural pra quem estava interessado em piercing e tatuagem e, principalmente, pra quem começava a se fascinar cada vez mais pelas festas de música eletrônica.

Foi na Índia, mais precisamente no estado de Goa, que as festas rave ganharam muitas das características que têm hoje. Porque desde o começo da década de 1980, o lugar era uma espécie de meca mundial dos hippies e dos viajantes mais malucos e desapegados.

No início de 1990, os DJ's europeus, japoneses e israelenses começavam a ganhar um dinheiro considerável com as festas promovidas em *squats* e clubes, e também passaram a rodar o mundo, tocando em qualquer lugar onde houvesse público pra dançar. Quando chegaram a Goa, houve uma sinergia total entre a música eletrônica e as festas na praia, regadas a LSD, comandadas pelos órfãos de Woodstock. O resultado foi um novo ritmo, o goa-trance, que depois desembocaria no psytrance, e um novo estilo de festas, ao ar livre, próximas à natureza e fortemente influenciadas pela filosofia hindu.

Então lá fomos nós. Depois de uma escala em Dubai, no Oriente Médio, onde, da janela do avião, era possível ver os poços de petróleo queimando no Kuwait, reflexo ainda da primeira Guerra do Golfo, chegamos a Bombaim. Na época eu havia descoberto um tal de *Lonely planet*, um guia de viagem ainda desconhecido no Brasil, que dava várias indicações preciosas, não apenas pra quem viajava com a família em férias, mas também para os mais aventureiros como nós, que saíamos pela estrada quase sem rumo.

Logo no aeroporto a gente já percebeu que estava em outro mundo: o ar vinha carregado com um cheiro fortíssimo de naftalina, que eles usavam pra combater um pouco as epidemias de germes que se espalhavam com inédita rapidez, por conta do calor. Além disso, era tudo incrivelmente caótico. As pessoas andavam de um lado para o outro com aquelas roupas diferentes, todas estampadas, com tatuagens na testa, tudo muito colorido e encardido, e a gente lá, tentando descobrir que rumo tomar.

Naquela época, há quinze anos, a Índia não era como hoje. Pra se ter uma ideia, a coca-cola era uma novidade por lá, e simplesmente não existia McDonald's. Os carros eram velhos e capengas. Acho que a internet ainda não tinha a força que tem hoje, e o fenômeno da globalização era menos intenso.

Assim, meio zonzos e atordoados com aquilo tudo, passamos uma noite no primeiro hotel que encontramos – num quarto sujo e quente, encarapitado no alto do último andar, ao lado dos corvos –, que era também o mais barato, justamente por conta do calor. Ficamos lá alguns dias, absorvendo aquele exotismo todo, mas logo pegamos um avião pra Goa.

Chegando a Goa, mochila nas costas, perguntamos aqui e ali onde estavam rolando as festas e acabamos indo parar na praia de Baga, uma vila de pescadores. Não sabíamos onde ficaríamos hospedados, não tínhamos reserva nem qualquer noção de como funcionava a hotelaria por lá, então saímos de novo, conversando com um, conversando com outro, procurando um lugar pra dormir.

No começo foi complicado, mas, quando disse pra um taxista que pretendia passar alguns meses e não alguns dias morando por lá, ele me arrumou uma casinha bem pequena e simples, mas que ficava na beira da praia, pé na areia mesmo, água de poço, sem luz elétrica, chocante.

Depois que a gente se instalou, a Flávia fez um panfletinho sobre o meu trabalho, eu colei cópias por toda a cidade, e não demorou dois dias até que a Michelle, uma tatuadora inglesa, me procurasse.

Morava com o marido dela, um cara que trabalhava em construção na Europa, todo cheio de dreadlocks. Tinham chegado à Índia de moto, vindo direto do Kumbh Mela, o maior festival religioso do mundo.

Ela trabalhara no Into You, um estúdio fantástico em Londres, tinha uns desenhos incríveis e morava numa casinha de pescador, perto da minha. Em pouco tempo acabei montando um estúdio na cabana dela. Era tudo superimprovisado: a casa não tinha instalação elétrica, então ela tatuava usando uma bateria de carro, e, na falta de autoclaves, a gente esterilizava os equipamentos na panela de pressão.

Roots!

Os clientes, em geral, eram os europeus que vinham curtir as festas ou os israelenses, que também buscavam diversão sem limites depois de ter prestado o serviço militar. Eu cobrava em média 50 dólares por perfuração, o que era pouco dinheiro na Europa ou no Brasil, mas na Índia dava pra viver uma semana.

Logo que me instalei, a demanda começou a aumentar vertiginosamente. Porque, depois que um aparecia com o mamilo enfeitado, todo mundo queria, e eu, mais uma vez, era o único cara que sabia perfurar de maneira profissional.

Logo nas primeiras semanas, a gente já passou a viver bastante bem. Com simplicidade, mas bem. Aluguei uma motinho, uma Royal Enfield incrível, e a gente ia fazer compra no mercado, de manhã ficava na praia fumando meus *haxis*, à tarde ia pro estúdio, atendia um ou dois clientes, e à noite caía na diversão infinita das festas.

As baladinhas na praia eram muito diferentes de qualquer coisa que exista hoje. Era um lance meio mágico, misterioso. A cada noite a festa acontecia em um lugar diferente, com algum DJ novo tocando, e a gente tinha de ficar sempre antenado, perguntando pro círculo de conhecidos pra descobrir onde ia ser o evento daquele dia.

Ou, quando não descobria com antecedência, o jeito era sair de moto pelas estradinhas à beira-mar, e ir parando, desligando o motor e escutando, pra ver se ouvia as batidas do goa-trance ecoando na noite. Era muito legal quando a gente achava o lugar certo e olhava de longe a festa pulsando colorida, encravada numa clareira perdida na noite.

Além disso, havia o mercado local em Anjuna Beach, que se espalhava por um bosque de coqueiros e para onde, toda quarta-feira, fluía uma verdadeira caravana de ciganos, povos tribais, *sadhus*, faquires, encantadores de serpente, homens com o rosto transpassado por espetos, conduzindo vacas cobertas de indumentárias sagradas, e vendedores do Paquistão, do Tibete, e de outras cidades da Índia, oferecendo tudo o que se pode imaginar de mais estranho e inusitado.

Era lindo, colorido, curioso, incrível. Roupa, artesanato, ervas, comida, massagem, isqueiros de segunda mão, conselhos espirituais, não importava o que se buscasse, lá era possível encontrar.

Claro que assim que descobri esse lugar, dei um jeito de arrumar meu espaço por ali. Espalhei minhas joias compradas na Europa e algumas fotos numa canga, no chão mesmo, e toda quarta marcava ponto lá, fazendo propaganda, às vezes vendendo uma ou outra peça, mas principalmente agendando perfurações que eram feitas mais tarde, no estúdio. E foi assim, num pedaço de pano embaixo de um coqueiro perdido no Oriente, que, de uma forma ou de outra, montei minha primeira loja de piercings.

Eu era o único piercer de fora, mas as joias espalhadas pelo corpo estavam longe de ser uma novidade para os indianos. Pelo contrário, eles se enfeitavam de uma forma incrível, usavam coisas que eu nunca tinha visto antes. E aos poucos eu fui percebendo que o formato e o local dos adornos tinha a ver com a proveniência dessas pessoas. Os iogues *agorinaths* tinham a cartilagem da orelha completamente alargada por pedaços gigantes de osso; as mulheres do Rajastão eram superdelicadas, com peças de ouro trabalhadíssimas; as ciganas andavam enfeitadas com latão e tampinhas de garrafa mescladas à roupa; e as dançarinas do Kerala se moviam mostrando pequenas argolas nas unhas da mão.

Foi no mercado também que comecei a ter contato com os *sadhus*, essa espécie de guru indiano, que se dizem homens santos e pregam práticas diversas para alcançar a evolução espiritual. Eles circulavam normalmente no mercado, assim como as crianças, com espetos transpassando as bochechas, consideradas reencarnações de Murugan, um deus da guerra hindu, padroeiro dos piercers.

Quando ouvi falar dessas histórias de iogues que não comem nunca, que vivem com o braço levantando na mesma posição há anos, que moram embaixo de árvores, logo me animei pra ir visitar um deles. Era algo comum em Goa visitar os *sadhus* pra fumar haxixe.

Na época não creio que essa vontade de visitar o guru fosse uma busca espiritual da minha parte. Era algo que tinha mais a ver com curiosidade, com uma procura por novas experiências de vida. Por outro lado, na Índia, a espiritualidade está sempre presente. Aonde quer que se vá há uma porção de templos, de pessoas rezando e entoando cânticos cerimoniais. Então isso, fatalmente, acaba permeando seu cotidiano e impregnando você de uma forma ou de outra.

O fato é que, por busca espiritual ou não, eu peguei minha moto e fui, com a Flávia na garupa, atrás de um desses homens santos. Acabamos chegando a uma praia chamada Arambol, que ficava bem longe de onde a gente morava. Paramos a moto ao lado da estrada, caminhamos por cerca de uma hora, atravessando uma montanha que dava numa outra praia, depois seguimos contornando uma lagoa, onde havia uma porção de doidões cobertos com lama sagrada, tomando sol pelados. Depois da lagoa, finalmente chegamos à floresta, onde o tal do *sadhu* vivia, sob uma árvore.

Era uma árvore grande, e ali embaixo estava o homem santo, cercado por seus pertences: um fogareiro, os santinhos, a caneca, as oferendas, tudo bem simples, e o sujeito ficava lá mesmo, a vida toda, meditando. No fim fumamos um *chilon* (um cachimbo de barro usado para fumar haxixe em devoção a Shiva) com ele, conversamos um pouco sobre a vida, ele perguntou bastante sobre a família, ficamos lá um pouco, depois fomos embora, sem grandes acontecimentos ou revelações.

LINDO DE DOER

Apesar da simplicidade do encontro, não pude deixar de me fascinar com o grau de liberdade e autossuficiência que aquele homem havia alcançado. Ele não era dono de um quarto com uma cama king-size, não dirigia um carro de luxo, nem se fartava em refeições sofisticadas, mas tinha onde dormir, tinha como se locomover e não passava fome. Além disso, era dono de muito conhecimento, o que fazia que ele fosse respeitado também. Vivendo embaixo daquela árvore, aparentemente tinha tudo o que queria e de que precisava.

Eu não acreditava, e ainda hoje não acredito que esses homens sejam santos a ponto de fazerem milagres. Não creio que eles tenham contato com outro plano espiritual nos moldes do que a Igreja católica, por exemplo, prega diante de seus santos. Mas acho que eles têm um conhecimento de vida que lhes permite ajudar os outros a encarar seus problemas e a manter o controle das emoções de uma forma mais sábia. E isso, muitas vezes, é conseguido por meio de técnicas milenares, como a ioga e a meditação

Depois disso, aos poucos, eu fui descobrindo que há diferentes tipos de *sadhus*, e que muitos deles se aproximam do que genericamente denominamos faquir. Mais tarde acabaria tendo contato com homens que levantavam pedras imensas pelo saco, outros que enrolavam o pênis num pedaço de pau e esticavam de forma inacreditavelmente bizarra, e outros que se penduravam pela pele, em rituais tribais de suspensão humana. Eram pessoas que tinham tanto controle da mente que se tornavam completamente senhores de si, podiam brincar com o corpo e absorver as próprias dores e aflições.

Mais tarde eu teria contato também com os *agoris*, uma linhagem de *sadhus* discípulos de Kali, a deusa hindu da destruição. Pessoas que comem carne, fumam, bebem, usam drogas pesadas, como heroína, se alimentam de dejetos servidos em cumbucas feitas com crânio humano, fazem tudo que um homem não deveria fazer. E diante desses seres, dessas entidades cuja simples presença tornava o ambiente carregado, e que geralmente vivem perto de crematórios, era necessário deixar o julgamento de lado, apenas observar e aceitar os fatos como eles se mostravam ao mundo.

Era assim na Índia. Depois de algum tempo acabei percebendo que as coisas que para nós são terríveis, para eles, às vezes, são vistas de outra forma. O fato de um bebê nascer com uma deficiência física, ser um anão, por exemplo, pode ser visto como um sinal divino, de que aquela pessoa, de alguma forma, é especial.

Fui muito influenciado por vários aspectos da cultura hindu. Aliás, foi ali, em Mapusa, uma cidadezinha situada a dezenas de quilômetros de onde morávamos um povoado de casas nas montanhas que a gente visitava quando precisava de coisas que não se vendia em Baga Beach, que tive meu primeiro contato com a joalheria.

Havia uma porção de ourives e artesãos trabalhando em pequenas oficinas por ali, e sempre que eu estava no vilarejo ia visitar esses lugares; ficava olhando, descobrindo as técnicas de modelagem das peças e os diversos materiais que se usava nos adornos corporais.

VIRANDO *SADHU*

*O valor das coisas não está no tempo que elas duram,
mas na intensidade com que acontecem.*

Fernando Sabino (escritor brasileiro)

Sadhu com braço estendido, já calcificado, há mais de duas décadas.

LINDO DE DOER

Estávamos há alguns meses em Goa quando, de repente, eis que Marco Leoni baixou em nossa praia. Ficou hospedado com a mulher, Louise Chang, numa casa perto da nossa. Fomos pras festas juntos e cozinhamos altos rangos. Afinal, como bom italiano, o Marco adorava preparar seus quitutes.

Mas, diferentemente da gente, ele já tinha estado na Índia algumas vezes. Não era tão jovem e não se empolgava tanto com as festinhas de trance. O tempo todo falava que a gente tinha de viajar mais, conhecer outros lugares, mergulhar na verdadeira Índia.

Claro que não demorou muito pra que a Flávia e eu topássemos. Primeiro fomos pro sul, com o Marco e a Louise. Fomos pra Hampi, Kerala, Tâmil, Mangalore, Madras... Tudo de trem, daqueles em que o pessoal viaja no teto e pendurado dos lados, com suas túnicas, turbantes e sacolas coloridas.

Era incrível, muita selva, muita cor, elefantes, muitas tatuagens, os templos azuis de Mangalore, uma coisa incrível mesmo. Ali não havia mais igrejas, não havia mais católicos. Eram todos hindus e tinham a pele bem mais escura do que no norte.

Numa dessas paradas, na cidade de Tâmil, fui percebendo que muita gente tinha umas espécies de piercing diferentes, transpassando o septo nasal. Mais tarde, pesquisando o assunto, descobriria que aquela mesma perfuração era usada por povos da América do Norte, da América do Sul, da África e da Ásia. E o interessante é que essas etnias tribais nunca haviam tido contato entre si e ainda assim usavam o mesmo tipo de adorno, em rituais muito semelhantes.

Mas até então eu nunca tinha visto perfurações como aquela, por isso fiquei completamente fascinado com a novidade. Voltei pra pensão, levei meu kit pra frente do espelho no banheiro e *plau!*, fiz minha primeira perfuração de septo. Doeu um pouco, inchou, mas ficou boa.

Aliás, aos poucos, conforme ia mergulhando nesse mundo, observando e convivendo com pessoas que modificavam o próprio corpo de forma tão intensa, aquilo ia se tornando completamente normal pra mim. Não precisava pensar demais no assunto, tomar coragem nem nada disso. Era natural. Muita gente faz, eu também quero, então vou lá e faço. Pronto. Simples, sem trauma, sem drama.

A viagem seguia assim, sem nada comprado ou reservado com antecedência, na intuição, pro que desse e viesse. Dividíamos tudo, andávamos apenas de ônibus e trem, e contávamos o dinheiro pra comer.

Tinha de ser assim, uma vida simples, próxima à dos indianos, uma vida de pobreza mesmo, porque quando eu parava de fazer perfurações meu dinheiro ia acabando com rapidez vertiginosa. Depois de um tempo, já com meus dreadlocks, eu estava quase virando *sadhu* também. Comia pouco e fumava muito haxixe. Os problemas não existiam, ou não nos atingiam. Éramos jovens, e tudo era lindo, tudo era diversão.

A gente viajou por umas três semanas, depois voltou pra Goa. O Marco e a mulher voltaram pra Itália, e eu segui na mesma pegada de antes, cada vez mergulhando mais fundo nas festas e nas experiências psicodélicas.

A Flavinha, coitada, não gostava tanto das raves, da minha loucura que às vezes era intensa demais. Ela era mais jovem, vinha de outro mundo, era estilista, elegante, fashion, não estava acostumada com aquele universo *roots* em que a gente mergulhou. Falava pouco inglês, estava com saudades da família, vivendo feito uma hippie quase sem dinheiro, numa comunidade completamente diferente, então às vezes era bem duro pra ela.

A gente se enchia de ecstasy, LSD, e ela tinha de cuidar de todo mundo. Uma vez, tomou também e teve uma bad trip terrível, achando que havia alguém com uma arma tentando matá-la. Coitadinha da Flá.

Era muito forte aquilo que a gente estava vivendo, aquela cultura tão intensa somada às drogas e às festas. Então, pra aguentar, as pessoas tinham de estar muito livres, tinham de entrar de cabeça mesmo. Se fosse vivenciar aquelas experiências todas com travas, com pudores, seria uma verdadeira viagem ao inferno.

Eu também não fiquei de fora das viagens que batiam errado. Experimentava de tudo: maconha, haxixe, ópio, LSD, MDMA, cogumelos, além de chás diversos e de coisas que eu nem sabia direito o que era. Então não foram poucas as vezes em que ela teve de cuidar de mim, segurar meus *dreads* enquanto eu virava do avesso, esvaziando minhas tripas embaixo de um coqueiro qualquer. Não foram poucas as vezes em que ela teve de me confortar um pouco nos momentos em que o exagero cobrava a conta. Santa Flá.

Mas no fim ela aprendeu demais. E acho que essas primeiras experiências que vivenciou comigo ajudaram bastante. Mais tarde ela montaria o clube Lov.E, e atualmente é dona do Hot-Hot. Senhorita Flávia Ceccato tornou-se uma personalidade importantíssima na noite paulistana. Portanto, pensando em tudo que vivemos, acho que aquelas roubadas em que a meti foram boas, porque, de certa forma, ajudaram-na a sair do mundo da moda e entrar no mundo da diversão noturna.

Então, quando a vida já parecia um inacreditável parque de diversões, começou a se aproximar o fim da alta temporada em Goa. Eu sabia que sem turistas e sem festas também não haveria trabalho. O nosso dinheiro estava encurtando cada vez mais, e a gente chegou à conclusão de que, depois de uns quatro meses na Índia, era hora de empacotar as coisas. Mas, antes de voltar pra casa, ainda tínhamos pique pra um último tour pela Índia. Dessa vez pelo norte.

UM PAR DE TÊNIS POR UM FILHOTE DE COBRA

A nossa felicidade depende mais do que temos na nossa cabeça do que nos nossos bolsos.

Arthur Schopenhauer (filósofo alemão)

Encantador de serpente na Índia.

LINDO DE DOER

Juntamos o resto de dinheiro que tínhamos, e percebemos que realmente não tínhamos quase nada. A temporada de festas acabara, por isso não havia mais orelhas, narizes ou mamilos para perfurar. As perspectivas de conseguir alguns tostões para seguir viajando ou, pior, para seguir vivendo, eram praticamente nulas. Mas, quando já não víamos mais saída possível, eis que surge Theo Castilho, um grande amigo, artista plástico, beatnik, assumidamente despirocado, fundador do clube Carbono 14, reduto alternativo de São Paulo.

Ele apareceu em Goa, do nada, em busca de experiências entorpecentes e, claro, hospedou-se em casa, com a mulher. Ficou lá umas duas semanas, comprou alguma comida, o que nos impediu de, literalmente, morrer de fome, e nos divertimos um bocado.

Na hora da despedida, quando dissemos que pretendíamos seguir viajando pelo norte, Theo sacou uma nota de cem dólares e me ofereceu, assim, sem que eu tivesse de pedir, sem que eu ao menos insinuasse que estávamos desesperadamente precisando de dinheiro. Apenas me deu a grana e disse que pagássemos quando fosse possível.

Assim, usando o dinheiro do Theo, pegamos um ônibus e fomos subindo: Bombaim, Jodpur, Jaipur, Pushkar, Jaisalmer. Em Jaisalmer, que ficava no meio do deserto do Rajastão, divisa com o Paquistão, fomos conhecer a Cidade Dourada, onde existem uns castelos incríveis, de sonho. Depois, ainda em Jaisalmer, fizemos um passeio a camelo, provando ópio que as crianças vendiam diante dos palácios. Lindo, incrível, mil e uma noites.

Viajávamos, como sempre, quase sem dinheiro. Comíamos praticamente um pão por dia cada um, mas a beleza e o exotismo do entorno compensavam qualquer perrengue. E, em se tratando de Índia, os perrengues são coisa de gente grande.

Quando começamos a viagem de volta, era tanto aperto, mas tanto, que acabamos tendo de dormir a céu aberto, em Jodpur, a Cidade Azul. Eram as hospedagens mais baratas da Índia, custavam algo como R$ 0,50. Havia um cercado de madeira e um catre, sem colchão, onde os indianos dormiam. Os indianos mais pobres, eu e a Flá, delicadinha, coitada.

Foram muitos perrengues mesmo. Depois, indo pra Jaipur, a Cidade Vermelha, eu fiquei muito doente. Provavelmente com uma intoxicação alimentar que não deixava nada parar em meu estômago e intestino, o que me dava uma fraqueza descomunal, tornando desafiador o simples ato de andar. A gente tinha de tomar o ônibus de madrugada, mas o motorista não queria deixar eu entrar. Percebendo meu estado moribundo, dizia que eu tinha de ir pra um hospital, porque se morresse durante a viagem ele seria responsabilizado.

O problema é que o nosso dinheiro (e o do Theo também) havia praticamente acabado, então não podíamos ficar mais tempo na Índia. Queríamos chegar à Europa a qualquer custo, porque a Flávia tinha um cartão de crédito que, esperávamos nós, funcionaria por lá. Na Índia aquilo era só mais um pedaço quadrado de plástico.

Enquanto minhas tripas borbulhavam, eu brigava com o sujeito. Argumentei muito. Mas argumentei tanto que ele finalmente se cansou e deixou a gente entrar. Fui deitado no chão, vomitando no pé dos indianos miseráveis, tendo alucinações e dores que me faziam espernear e gritar, e mais uma vez a Flá ficou ao meu lado, firme durante toda uma noite de viagem, durante toda uma noite que parecia não ter fim.

Acho que cheguei bem perto da morte naquele ônibus. Fiquei tão mal, tão doente, que depois, de uma hora pra outra, sarei. O corpo, sem alternativa melhor, deu um jeito de se curar sozinho, e eu fiquei bom de novo, como se nada tivesse acontecido. A Flávia segurou bem a barra naquela noite.

Mas ela também aprontava das suas. Numa das paradas, havia uma porção de beduínos que dormiam em umas tendas lindas, todas trabalhadas de *patchwork*, e ela ficou doida com aquilo. Queria porque queria levar uma pro Brasil. A gente barganhou bastante e conseguiu comprar uma por um preço razoável, um pacote enorme, todo mal ajambrado e superdifícil de carregar. Mas compramos, colocamos nas costas e fomos adiante.

Como dois ciganos, seguimos em frente, perdidos nesse mundão que não tem fim. Conforme avançávamos, naquelas condições tão extremas e adversas, íamos encontrando lugares deslumbrantes e personagens que pareciam saídos de antigas fábulas orientais. Cada vez mais a Índia ia se impregnando na gente.

Foi assim que, alguns dias depois de ter me recuperado, se não me engano na cidade de Jaipur, encontrei um *sadhu* que tinha uma cobrinha pequena, um filhote de píton. Era uma serpentezinha muito simpática. Bastante indiferente, mas simpática, e eu encasquetei que queria levá-la comigo.

Pedi que o homem santo me desse a cobra, e ele, claro, quis dinheiro em troca. E se tinha alguma coisa que nos faltava era dinheiro. Mas o *sadhu* e eu havíamos nos dado bem. No fundo ele parecia um pouco comigo, de dreads, piercings e tatuagens. Então disse que não tinha dinheiro, mas que gostara da cobra e que a cobra gostara de mim também. O homem foi meio relutante no começo, mas insisti um pouco até que ele, finalmente, apontou pros meus pés:

– Seu sapato. Me dá seu sapato.

Na hora eu saquei meu par de all-star e entreguei ao *sadhu* em troca da cobra. Ainda barganhei um pouco e ele me deu também a cesta. Afinal eu não podia sair viajando com a cobra pendurada no pescoço. Peguei a cesta e coloquei a cobra lá dentro. Com a cesta nas costas, a barraca do beduíno e as nossas coisas, tudo amarrado em sacolas improvisadas, seguimos adiante, molambentos, sujos e cheirando à Índia, sem um tostão furado no bolso.

Mais tarde, quando paramos para fazer uma de nossas raras refeições, lembrei que cobras também têm de comer. Afinal, apesar do que uma delas andou aprontando lá no paraíso, elas também são filhas de Deus. Não tinha sobrado dinheiro pra pagar comida nem pra gente, mas fazer o quê?

A gente comia, depois via alguém que tinha deixado algum resto no prato, mostrava a cobra, e o pessoal olhava pra mim, com a cesta de encantador de serpente, os dreads, os piercings e as tatuagens, e achava que eu era *sadhu* também, e sempre acabavam dando um pedaço de carne ou de frango.

Só que a gente oferecia a comida pra danada da cobra e ela recusava. Não queria saber de carne, frango ou peixe. Então saí perguntando pra todo mundo o que eu deveria dar pro bicho comer. Descobri que alimentação ofídia é um tema bastante obscuro e desconhecido.

No final, falaram que eu tinha de alimentar a bichinha com leite. E lá fui eu, gastar os últimos trocados em leite. Pingava as gotinhas na boca da cobra, depois fechava e esperava ela engolir. Parecia gostar, pelo menos.

Assim, após uma longa peregrinação, já com o corpo em pele e osso, como um verdadeiro faquir, finalmente cheguei ao aeroporto de Bombaim. Eu, a Flávia, a barraca do beduíno e a cobra. Entramos no saguão – felizes e contentes em ver um pouco de civilização e já sonhando com o prato de macarrão que o cartão da Flá ia nos permitir comer na Europa – e fomos direto pro check-in.

Quando chegou nossa vez, entreguei a passagem de volta pra pegar o passe de embarque. A mocinha olhou pra mim, se assustou com minha persona exótica, sorriu e exclamou automaticamente:

– São 30 dólares.

– O quê? Como assim? O que são 30 dólares? – respondi, vendo aquele prato de macarrão se desfazer na minha própria imaginação.

– 30 dólares, senhor, é a taxa de embarque. Por pessoa.

– Mas, moça, eu não tenho dinheiro, não tenho dinheiro nem pra comprar uma garrafinha d'água – exclamei num tom levemente desesperado.

– Sem taxa de embarque, não embarca – ela retrucou com seu sorriso padronizado.

Eu olhei praquela fila, lembrei da proximidade que tinha com os *sadhus* e pensei nas minhas responsabilidades. Não estava sozinho naquela situação. Tinha duas almas pra tomar conta: a Flá e a cobra. Duas almas que dependiam de mim pra seguirem vivendo tranquilas e seguras.

Não deu outra. Me investi de toda a humildade de quem passou uma noite vomitando a alma aos pés das pessoas mais pobres do planeta e esmolei. Fui passando pelos passageiros que estavam atrás de mim na fila e explicando que era brasileiro, que precisava voltar pro meu país e que não tinha dinheiro para pagar a taxa de embarque.

A estratégia se mostrou surpreendentemente eficiente. Não demorou nem meia hora, eu já tinha juntado o dinheiro de que precisava e ainda uns trocos pro cafezinho. Embarcamos todos, inclusive a cobra, escondidinha na penumbra de sua cesta. Desligado do jeito que estava, nem achei estranho o fato de nenhum guarda ou segurança ter tido a curiosidade de abrir a misteriosa cesta pra ver o que havia lá dentro.

Assim, sem mais perrengues, depois de várias horas de voo e da melhor comida de avião da minha vida, chegamos a Roma. Liguei pra um amigo, Luigi, e disse que estava de volta na cidade. E ele topou hospedar a gente por algum tempo. Além disso, no mesmo dia, Luigi ligou pros amigos e disse que eu estava na cidade; já apareceu gente querendo ser perfurada e eu consegui uma graninha que deu pra gente respirar.

Pra completar a alegria, o cartão da Flá realmente funcionou, então a gente conseguiu sair um pouco da miséria total. Nada como estar algum tempo na miséria pra dar valor às coisas mais simples, como um belo banho, ou um prato de comida preparado no capricho.

Depois de alguns dias na Itália recuperando o peso perdido, seguimos pra França, vejam só. Fomos encontrar uma amiga da Flávia que era uma das organizadoras da semana de moda de Paris. *Très chic!* Chegamos os dois e a cobra, encardidos, ainda rescendendo a Índia, e fomos parar num apartamento elegantérrimo, uma cobertura *cool* e descolada, sem um grão de poeira no chão.

Achei aquilo tudo muito bom, tudo muito bonito, mas alguma coisa me incomodava. Sentia falta de algo que era comum na Índia. Pensei que podia ser a praia, o contato com a natureza, a religiosidade, mas logo descobri que estava mesmo era precisando de um haxixezinho. Sem problemas, *mon ami*. Fui fazer uma visita turística ao túmulo do Jim Morisson, no tetricamente famoso cemitério Père-Lachaise, e logo descobri um fornecedor local, que tratou de aplacar minhas ansiedades e me ajudou a suportar o afetadíssimo mundo fashion francês.

E que gente fresca eram aqueles parisienses. Ninguém queria saber de piercing e todos olhavam pros meus dreads com nariz empinado. Eu também não achava muita graça naquela história de *prêt-à-porter*, então, depois de alguns dias, tratamos de empacotar nossas coisas, guardar a cobra na cesta e descambar de volta pra Londres, pro território conhecido e bizarramente acolhedor da casa do Andi Bone. Viajamos de trem, pelo recém-inaugurado Eurotunnel, que passa embaixo do canal da Mancha, ligando Paris a Londres em pouco tempo.

Chegando lá, nos aboletamos no sofá, eu comecei a contar minhas histórias de festas na praia, vacas sagradas e *sadhus*, até que cheguei ao episódio da cobra, abri a cesta e mostrei a bichinha pro Andi. Ele levou um baita susto, levantou de um salto e pôs a mão na cabeça:

– Você é um maluco desgraçado – ele gritava pra mim. – Como é que você entra na Europa me trazendo uma cobra indiana? Isso daí é tráfico de animais, é pirataria, você podia ter ido parar na cadeia, seu hippie doido. Você é um traficante de animais.

– O quê? Eu? – respondi assustado. – Não, eu não. É só a minha cobra de estimação.

– *You are a fucking crazy, man!* – O Andi berrava, explicando que qualquer animal que entrava na Inglaterra tinha de ficar em quarentena e passar por um processo burocrático que eu simplesmente ignorei.

De qualquer forma, contravenções e contrabandos à parte, durante algumas semanas voltei à minha antiga rotina inglesa. Trabalhei um bocado no estúdio do Andi; o negócio tinha crescido bastante e não era mais na casa dele. Agora ficava em Waterloo. Na casa da Michelle, que também tinha voltado de Goa pra marcar essa etapa de longa caminhada, tatuei um símbolo tribal no pé.

À noite, claro que a rotina das festas e baladas voltou a ser intensa como sempre havia sido na terra de Vossa Majestade. Eu punha minha cobrinha ao lado do aquecedor, porque estávamos em pleno inverno europeu, e caía na diversão com gosto. O problema é que o apartamento do Andi tinha um aquecedor automático, que desligava quando as pessoas saíam.

Por conta disso, depois de dois ou três dias, a tragédia se abateu sobre nossa estranha família: minha cobrinha morreu de frio (pelo menos eu acho que foi de frio, uma vez que dispensamos a autópsia). Coitada. Fiquei triste por perder aquele bibelô, memória viva dos dias de aventuras indianas. Mas ela ainda teve um funeral nobre. Esticamos bem a pobre coitada e a congelamos no freezer da geladeira. Depois, o Andi, excêntrico do jeito que era, fez uma bengala de acrílico com a cobrinha dentro.

AMPALLANG: O MAIS MALVADO DOS PIERCINGS

> *Ninguém pode ver nem compreender nos outros o que ele próprio não tiver vivido.*
>
> Hermann Hesse (escritor alemão)

Ilustração de cena do *Kama sutra*.

LINDO DE DOER

Estávamos lá, naquele hedonismo londrino desenfreado, quando a Michelle veio me falar que eu tinha de conhecer o Into You, o estúdio onde ela trabalhava, ainda hoje um dos mais conceituados do mundo. Depois da temporada na Índia, ela havia começado a fazer tatuagens inspiradas nos desenhos de henna que as indianas faziam nas mãos, e aquilo virou uma febre na Europa. Mas, antes disso, me contou que conhecera uma tal de Tina Maree, que trabalhava lá como piercer e perfurava com o método americano. Michelle disse que a gente podia trocar várias informações e que eu tinha de ir lá de qualquer jeito.

Eu topei, claro, mas apenas conhecer o estúdio não me parecia suficiente. A Índia havia me aberto ainda mais a janela para novas experiências, e eu queria ir além, mergulhar ainda mais fundo no universo piercer. Resolvi que finalmente ia fazer meu *ampallang*. Pra quem não sabe, o *ampallang* é o piercing que se insere na glande, uma haste de metal que atravessa o corpo cavernoso do pênis transversalmente, de um lado a outro.

Essa é uma perfuração muito usada pelos *sadhus* e bastante antiga, tanto que é citada no *Kama sutra*. Durante o ato sexual, ela estimula tecidos internos do pênis, aumentando o prazer sexual do homem. Não há relatos ou estudos que apontem para algum incremento no prazer feminino, além do fetiche visual provocado pelas duas bolinhas prateadas. O *ampallang* não é uma perfuração fácil, e pode levar mais de seis meses pra cicatrizar completamente.

Tentando não pensar em detalhes como esses, fui lá pra marcar horário. A Tina era realmente muito simpática, e o Into You tinha uma preocupação em recuperar o lado tribal da arte no corpo, algo que me agradava bastante, mas que não estava presente em todos os estúdios de piercing e tatuagem. O próprio Grant, que me ensinou a perfurar, não dava a mínima pra esse tipo de questão. As modificações corporais, pra ele, eram apenas uma forma de viver o mundo underground na própria pele, de chocar a sociedade careta e de superar os próprios limites.

Mas o fato é que curti a Tina logo de cara, tinha um astral bom, e a gente marcou minha perfuração pra dali a dois dias. Ela pediu pra eu chegar cedo e pra me comportar na noite anterior. Eu obedeci. Acordei de manhãzinha, fumei uma bucha com o Andi e fui lá, ver no que dava.

Cheguei com a mão suando. Afinal, podem dizer o que for, mas furar o próprio pau não é nada corriqueiro. Tudo bem. Abaixei as calças, sentei, e a Tina se aboletou num banco um pouco mais baixo, no meio das minhas pernas. Os equipamentos de tortura estavam ali, posicionados ao alcance das mãos enluvadas da minha dominatrix.

Ampallang: o mais malvado dos piercings

A joia, nesse tipo de piercing, tem de ser um pouco maior que o pênis em estado flácido, pra se ajustar quando ocorrem ereções. Mas fazia um puta frio naqueles dias em Londres, tanto que minha cobra havia morrido congelada. A temperatura baixa se somava ao medo; enquanto eu olhava pro meu companheiro, todo encolhido, a joia na mão de Tina parecia desproporcionalmente grande.

Mas, vamos lá. Vem Tina, *come on*. Ela veio. Voltou-se para mim, pediu pra eu olhar nos olhos dela, respirar fundo algumas vezes, depois pra inspirar, expirar e *plau*! Uau, quando ela furou foi aquela dor aguda, depois de novo quando ela colocou a joia. Mas só alguns instantes depois veio o *rush*, uma agonia insuportável que me apagou.

Caí no chão do estúdio, desmaiado. Depois de alguns instantes acordei, levantei, cambaleei um pouco; ela tentou me amparar, mas eu saí correndo pro banheiro e vomitei na privada. Daí veio mais uma onda de tontura, tudo escureceu, as pernas amoleceram e eu caí de novo, apagado. Quando recobrei a consciência pela segunda vez, de repente, não sei por que, acho que pra conferir se meu pau ainda funcionava, me deu uma vontade incrível de mijar. Eu levantei, mijei, depois veio mais um acesso de vômito. Virei as tripas do avesso, na privada, no chão, em tudo que era canto. Não conseguia mais me aguentar em pé. Saí do banheiro me arrastando, com todo mundo em cima, e eu lá, de quatro, rolando pelo chão do estúdio, pálido, branco, amarelo, verde e suando frio.

Fiquei zoado. Tive um troço mesmo. Foi a primeira e única vez na vida que eu passei realmente mal por causa de uma perfuração. E o trabalho da Tina foi limpo, perfeito, não teve nem uma gotinha de sangue. Hoje, pensando naquilo tudo, acho que eu é que estava no meu limite e não havia percebido. Acho que era meu corpo dizendo que já estava de bom tamanho, que era hora de eu ficar tranquilo, voltar pra casa.

Depois de algum tempo me acalmei, me ajudaram a levantar do chão, me trouxeram um negócio pra comer, dei uma força pra limpar a sujeira que tinha feito no estúdio e voltei pra casa do Andi.

A Tina tinha me avisado, e eu já sabia também, que o ideal era dar alguns dias de descanso antes de, digamos, colocar o instrumento de novo em ação. Mas cheguei em casa ainda meio baqueado, traumatizado e assustado, virei pra Flavinha e falei "Flor, a gente vai ter de ver se as coisas ainda estão funcionando". No banheiro do estúdio eu já tinha testado uma das funções e visto que estava tudo em ordem. Agora era a vez de ver se a parte divertida continuava operante. No fim deu tudo certo. Não foi o melhor sexo da minha vida, doeu um bocado, mas o importante é que estava tudo funcionando normalmente.

Realmente não foi nada fácil. E é assim mesmo com esse tipo de perfuração: raramente é fácil. Mesmo para pessoas que não tenham passado por uma longa e esfaimada peregrinação pela Índia, mesmo pra quem está acostumado a sentir dor.

Genital feminino é supertranquilo, dói, irrita nos primeiros dias, mas geralmente não há grandes traumas. Nos homens é diferente. Ter o pau machucado, penetrado por outro objeto é algo que mexe com níveis muito além da esfera física. Esse chakra pélvico é muito poderoso, e creio que seja difícil mexer com ele sem desequilibrar por completo o sistema de fluxos de energia. É um trauma psicológico mesmo, algo difícil de encarar sem perder a cabeça, como eu acabei perdendo, ainda que só por alguns instantes.

Mais tarde descobri que, um pouco depois de me perfurar, a Tina parou de fazer piercings. Cansou do estresse emocional da profissão. Porque, por mais que você tenha autocontrole, por mais que você tente minimizar o sofrimento do seu cliente, ele sempre estará lá. A dor faz parte do processo, e são raras as pessoas que aceitam isso de bom grado.

O trabalho de um piercer é diferente do de um médico, ou até de um dentista, onde as pessoas vão porque já estão sofrendo. Às vezes passam por experiências dolorosas, mas que acabam resolvendo aquele sofrimento anterior. No caso das perfurações, não. As pessoas chegam ali bem, inteiras, sem dor, e a gente vai fazê-las sofrer, vai machucar e adornar partes do corpo. Ainda que esse seja o desejo de quem procura um piercer, ainda que essa dor seja passageira, mesmo assim é algo que exige muita calma e paz de espírito.

DESMAIOS E PSICODELIA EM IBIZA

*A vida é uma peça de teatro que não permite ensaios.
Por isso, cante, chore, dance, ria piercings e viva intensamente,
antes que a cortina se feche e a peça termine sem aplausos.*

Charles Chaplin (comediante inglês)

Estúdio em Ibiza, trabalho noturno.

LINDO DE DOER

Quando voltei novamente ao Brasil, estava ainda mais mudado, ainda mais distante da realidade que existia por aqui. O relacionamento com a Flávia parecia ter chegado ao limite. Talvez tenha nos dado tudo o que poderíamos querer. Então, assim que chegamos de volta em casa, nos separamos.

Após o fim do namoro, não demorou para que a Veruska voltasse a aparecer na minha vida. A gente começou a sair junto sem grandes compromissos e, de repente, de uma hora pra outra, havíamos voltado a ser um casal. Os piercings continuavam figurando como raridade por aqui, mas eu já tinha meus canais abertos, então voltei a bater ponto no Led's, na praça Benedito Calixto, Vila Madalena.

Foi mais ou menos nessa época que eu passei a expor no Mercado Mundo Mix, que estava começando em São Paulo e reunia tribos diversas do mundo underground.

Levava minhas peças, algumas fotos, e marcava perfurações que eram feitas depois, no estúdio. Ali a penetração era um pouco maior, as pessoas começavam a se interessar pelo assunto e a minha clientela ia aumentando.

A música eletrônica também se espalhava com rapidez; a noite paulistana ganhava força e diversidade. Os clubes se firmavam, e junto deles vinha todo um estilo de comportamento urbano em que os piercings já estavam inseridos.

Mas, apesar da quantidade crescente de clientes, não consegui ficar muito tempo em São Paulo, principalmente porque a Veruska se empolgou demais com a história das viagens pelo mundo, e queria que a gente caísse na estrada de novo.

A irmã dela acabara de voltar de uma viagem a Ibiza, na Espanha, e falou que a cena eletrônica era incrível lá, que eu ia ganhar muito dinheiro se me arriscasse a trabalhar na ilha espanhola. No fim das contas treinei um cara, o Jairo, pra fazer as perfurações na Tattoo You quando eu estivesse fora e, em algumas semanas, estávamos os dois em Ibiza.

Verão de 1995. Aquela ilha fervilhava de gente. Os clubes de música eletrônica bombavam, havia festa em tudo que era canto, *freaks* chegando aos montes, vindos do mundo inteiro, psicodelia e hedonismo transbordando pelas calçadas e um único piercer na cidade: eu.

Assim, acompanhado da sorte e da simpatia, bati na porta do primeiro estúdio de tatuagem que eu vi, na *calle* de La Virgen e disse:

– *I do piercing*.

Foi o suficiente pra fazer brilhar os olhos do francês, dono da Mandrake.

– Uau, incrível, quando você pode começar? – ele perguntou.

– *Oui*, agora mesmo – respondi e fui entrando com minha maleta. Escrevemos lá embaixo da placa na entrada: "piercing". E não demorou vinte minutos pra aparecer o primeiro cliente.

Ah, a maravilhosa mágica das agulhas!

Em pouco tempo eu me tornei local. Me arrumaram uma casa pra morar, desconto nos bares e restaurantes e entrada de graça em todos os clubes e festas.

Em Ibiza, a quantidade de clientes era muito maior do que eu já tinha atendido antes. Chegava a fazer mais de dez perfurações em um dia, e isso porque começava a trabalhar às cinco horas da tarde, e parava lá pelas duas da manhã, antes de ir pras festas. Às vezes chegavam navios da marinha americana, um pelotão de *mariners* desembarcava na ilha, e boa parte deles acabava enfileirada na nossa porta, esperando a vez de levar uma agulhada.

Acho que foi só aí, com a prática diária, que comecei a adquirir firmeza, a fazer o trabalho sem qualquer tipo de dúvida ou receio. Fazer os clientes desmaiarem se tornou algo bastante raro. Se bem que, em Ibiza, enfrentei um dos casos de desmaio mais graves da minha carreira.

Estava lá, fazendo a perfuração, atento às reações da pessoa sentada na maca e ajudando com as técnicas de respiração. Mas bastou espetar a agulha e *pumba*, o cara desabou no chão feito um saco de batatas. O incrível é que o sujeito que caiu não foi o que eu estava perfurando e sim o amigo dele, que tinha vindo junto acompanhar.

Agora, lembrando, é engraçado, mas na hora foi feia a coisa. O cara caiu, abriu um talho na cabeça e começou a convulsionar. Eu já tinha começado a perfuração, então tive de terminar, passar a joia, tirar o cateter, pra depois ir socorrer o outro, apoiar a cabeça, estancar o sangramento e esperar que ele se recuperasse. Depois, no decorrer dos anos, isso me aconteceu outras vezes, então hoje, além de ficar de olho no paciente, aprendi a observar também os acompanhantes.

De qualquer forma, acidentes à parte, deu tudo muito certo em Ibiza. A gente sempre acabava numas festas fantásticas, onde o ecstasy tinha chegado com força. MDMA, a droga do momento! Estava sempre presente, tornava tudo muito mais divertido, e também permitia que a gente ficasse acordado até as nove, dez horas da manhã do dia seguinte.

Era muito fácil arrumar ecstasy em Ibiza. Ainda mais pra gente, que era um casal bonito, descolado. O pessoal vinha e colocava na nossa boca; amigos de amigos, ou mesmo gente que eu nunca tinha visto antes, faziam parte da brincadeira.

Demais, Ibiza. Parecia uma balada sem fim. Mas não era. Depois de alguns meses a temporada acabou, com ela foram-se os clientes e resolvemos voltar ao Brasil.

DA GALERIA OURO FINO AO SOFÁ DO JÔ SOARES

A fama que se adquire no mundo não passa de um sopro de vento, que hora vem de uma parte, ora de outra, e assume um nome diferente segundo a direção de onde sopra.

Dante Alighieri (escritor italiano)

Galeria Ouro Fino: Serginho, Alê Ultra, eu, Caito, Vino, Tchelo, 1997.

LINDO DE DOER

Quando voltei a São Paulo, a clientela dos piercings já estava consolidada no Tattoo You. Mas, para minha surpresa, o Jairo, que eu havia treinado pra perfurar quando eu não estivesse na loja, começou a me boicotar. Marcava clientes sem que eu soubesse e achava que o espaço era mais dele do que meu. Durante algum tempo a gente conviveu com esses atritos, mas eu sempre procurava evitar transformá-los em um problema real.

Mantive a calma até onde fui capaz. Então um dia, não lembro exatamente por que, fiquei completamente puto da vida. Fui lá, começamos um bate-boca e no fim saímos na porrada feito dois moleques da quinta-série. Quebramos metade da loja.

Depois, claro, fui pedir desculpas pra todo mundo, e ficamos numa boa, sem grandes traumas. Mesmo assim não havia mais clima pra continuar lá e, de qualquer forma, eu já estava achando que era hora de buscar não apenas meu próprio espaço como também um local exclusivamente voltado para o piercing, separado da tatuagem.

Comecei a pensar no lugar ideal, que fosse moderno, bem localizado, incomum e, principalmente, que fosse barato. Não era fácil. Mas aí lembrei que a mãe do Pil Marques, meu amigo que tinha começado o Hell's, era dona de um brechó numa galeria, meio decadente, perdida na ladeira da rua Augusta.

Depois de conversar com a dona Magali, acabei descobrindo a Ouro Fino. Na época só havia o brechó dela, algumas lojas de balé, um bazar de costura, um salão de cabeleireiro e um bingo clandestino. A maior parte dos boxes estava fechada, abandonada, e o aluguel era bem baixo, algo como R$ 200. Era pouco dinheiro, mas, mesmo assim, precisei recorrer à família novamente pra conseguir algum e reformar o espaço.

Pintei as paredes de prateado, fiz uma decoração bem hi-tech, moderninha, inspirada na moda londrina, com influências do universo raver, cheio de luzinhas coloridas e enfeites fluorescentes. Nessa época, a variedade de joias estava aumentando, então eu já tinha um balcão-mostruário maior do que na Tattoo You, com mais peças, livros e revistas que traziam informação pra quem tivesse curiosidade. Atrás do balcão, coloquei um biombo, com uma maca e todos os equipamentos necessários, onde fazia as perfurações.

Logo de cara, nas semanas após a inauguração, o retorno que tive foi muito maior do que quando trabalhava nos estúdio do Led's. Era como se, ao me separar do universo das tatuagens, eu me colocasse no mundo real como algo estranho e completamente novo, inusitado. Além disso, o aluguel era barato e, como trabalhava sozinho, tinha poucos gastos além do material. Fazia dois ou três piercings e pagava o mês. O restante era lucro.

Então, de uma hora pra outra, no auge da empolgação com o sucesso inicial, resolvi tomar uma medida drástica. Peguei o telefone e liguei pro SBT, mais precisamente para a produção do programa do Jô.

Quando atenderam, com a cara e a coragem de quem já tinha visto muita coisa pelo mundo afora, me apresentei, disse que fazia piercings, e expliquei o que era, com todas as letras: colocava brincos nas partes mais inusitadas do corpo, inclusive em órgãos genitais.

Depois dei uma apelada de leve. Falei que o Jô certamente se interessaria, já que também usava brinco e que, enfim, queria ser entrevistado no programa. O produtor conversou um bom tempo comigo ao telefone, e acabou dizendo que tudo bem, que a história realmente interessava, mas que eu precisava levar algumas pessoas comigo, pra exemplificar aquilo que eu estava dizendo.

Eu topei, claro, e em pouco tempo reuni um showzinho *freak* pra levar lá. Na verdade, o mais malucão era o Alaor, uma figura conhecida da noite paulista, físico, careca, rosto todo coberto de tatuagens cibernéticas. Além dele levei um cara que ia furar o umbigo, a Veruska e a Vivi Flaksbaun. Juntos eles tinham uma amostragem sortida de piercings.

Quando a gravação começou, eu entrei primeiro, sentei lá no sofá, o Jô veio fazer aquelas piadinhas dele, perguntou como fazia xixi com piercing genital. Respondi na mesma moeda, lógico, disse que era fácil e divertido, porque saía no estilo chafariz. Depois ele foi chamando o pessoal pra sentar comigo, o Alaor falou sobre a importância quântica do corpo ou sei lá o quê, e, pra concluir, final apoteótico, furei o umbigo do Davi diante das câmeras.

Foi um estouro, aquilo. No dia seguinte, eu saía na rua e as pessoas me reconheciam, vinham falar comigo e perguntar sobre piercings. Na loja, o movimento crescia exponencialmente e, ao mesmo tempo, eu recebia cartas raivosas, dizendo que eu era uma ameaça pra sociedade, que ia perverter a juventude e coisas assim.

A grana, evidentemente, também aumentava. Entrava rápido, gorda e farta. Eu olhava meus extratos bancários e aquele dinheiro todo me dava uma baita coceira, saudades da liberdade, de sair viajando, agora com muito mais classe e conforto.

Além disso, tinha levado a Veruska numa primeira festa de trance que uns ingleses fizeram em Atibaia, perto de São Paulo, e ela tinha se empolgado com aquele universo também. Conclusão: viajamos de novo.

Deixei uma secretária na loja da Ouro Fino marcando as perfurações, e *bye-bye* Brasil novamente. Dei uma passada na Europa pra comprar mais material, depois curtimos algumas festas em Ibiza, perambulamos uns dias pela Grécia e rumamos para o Oriente.

Fomos para o norte da Tailândia, conhecer as mulheres da tribo Pa Dong, que alongavam o pescoço com argolas de metal. Consegui a proeza de trocar várias das minhas joias por esses alargadores tradicionais. Depois rumamos pra Bangcoc, onde assistimos a shows de pompoarismo e visitamos fazendas em que se criavam cobras, para que, depois de mortas, seu sangue fosse bebido em rituais tradicionais de virilidade. Fizemos mergulho com tubarões em Koh Phi Phi e curtimos várias festas e festivais da lua cheia em Koh Pang Gang, onde a cena trance também estava bombando.

Era incrível ver a força dos rituais de alteração corporal na Tailândia. Além das diversas perfurações, como megapiercings nas bochechas, na língua e em diversas partes do corpo, havia as tatuagens executadas por monges budistas, que, com agulhas compridíssimas, desenham manualmente os mantras entoados durante a execução.

Infelizmente chegamos atrasados ao festival vegetariano em Phuket, onde os budistas perfuram bochechas e línguas para alcançar o transe e estabelecer conexões espirituais. Mas ainda era possível ver as marcas de sangue pelo chão, e consegui comprar fotografias incríveis da cerimônia.

Depois de alguns meses de curtição, continuamos a peregrinar pelo Oriente, mas agora numa psicodélica viagem de negócios. Estávamos atrás da fábrica que fazia as roupas da marca Space Tribe, uns panos chocantes, coloridos, que eram vendidos em Goa e que queríamos trazer para o Mercado Mundo Mix.

Chegamos ao aeroporto de Bali, hippies, felizes e contentes, e quase tivemos uma síncope nervosa ao passar pela alfândega. Porque, talvez encorajado pela facilidade em levar a cobra pra Europa, ou apenas porque era completamente cuca fresca, acabei levando um punhado de comprimidos de ecstasy que a gente tinha ganhado na temporada de Ibiza.

Assim que desembarcamos, topamos com uma assustadora e intimidadora sequência de cartazes dizendo, em letras garrafais, que ali o tráfico de drogas era punido com nada menos do que a morte. Mas, apesar da tremedeira nos joelhos, passamos pela imigração sem grandes problemas. Na dúvida, pra evitar complicações posteriores, tratei de jogar os comprimidos fora na primeira oportunidade que tive.

Depois do susto inicial, tudo transcorreu de forma incrivelmente fácil e fluida. Eu conhecia uma infinidade de membros do universo trance, então, através desses contatos, a maioria deles feita em Goa, foi muito fácil me inserir também no universo das festas da Indonésia.

Logo descobri que o país era uma espécie de celeiro do mundo das raves. Era ali o centro de produção dos artigos que depois acabavam exportados pra Europa, Estados Unidos, Índia e Japão.

Em poucos dias consegui entrar em contato direto com o pessoal da Space Tribe, fiz uma porção de encomendas e parti para a segunda etapa. Queria encontrar os produtores de alargadores e piercings de osso e chifre de búfalo, que havia visto em estúdios londrinos.

Passei algum tempo perguntando pra Deus e o mundo até que descobri onde vivia a família que desenvolvia essas peças. Moravam em Ubud, uma cidade nas montanhas, perto de Bali. Aluguei uma motoquinha e fui, contornando as plantações de arroz que têm um verde surreal de tão vivo. Cheguei à cidade, perguntei mais um pouco e finalmente bati à porta da Black Family.

Quando o cara abriu o mostruário, aquilo encheu minhas retinas de alegria. Eram coisas lindas, fantásticas, e pouquíssimas pessoas tinham acesso a elas. Havia achado a mina de ouro. Mas não foi assim tão fácil, porque aquelas peças eram produzidas pela Black Family mas desenhadas pelos compradores ingleses, então eles não poderiam simplesmente vender pra mim, pois seria o mesmo que roubar a criação de outras pessoas.

Conclusão: tive de virar designer. Passei alguns dias nessa cidadela encravada na montanha, quebrando a cabeça, desenhando, redesenhando, até que consegui uma boa variedade de peças inéditas e fui lá fazer o pedido.

Depois ainda tive de esperar um mês pro material ficar pronto, e a gente acabou caindo nas festas por lá também, durante a noite. Durante o dia, a diversão era o surfe, ondas perfeitas e cristalinas. Era chocante a Indonésia, porque as coisas eram muito baratas. Com alguns trocados, viajávamos com toda a tranquilidade e conforto. No fim, depois de alguns meses, despachamos todo o material de navio, num contêiner, e voltamos pra São Paulo.

Por aqui, foi um tempo de muita curtição e principalmente trabalho duro, mas que recompensava. O dinheiro entrava por vários lados. Vinha dos piercings, das roupas que vendíamos no Mercado Mundo Mix, das convenções e das joias de búfalo que fizeram bastante sucesso. E, como sempre acontecia quando minha conta bancária começava a engordar, depois de alguns meses, resolvi viajar de novo, voltar pra Índia, aproveitar a temporada das raves de verão em Goa.

IOGUES NEPALESES E PRAGAS HINDUS

> ... a luz gerada pela ioga permite ao adepto superar certos obstáculos surgidos em seu caminho.
>
> Patañjali (*siddha* – iogue perfeito – indiano)

Iogue nepalês.

LINDO DE DOER

Acho que no ano de 1996 as festas de Goa haviam chegado ao auge. E a gente curtiu demais aquela temporada. Além disso, a exemplo de boa parte dos frequentadores assíduos de raves, comecei a me arriscar como DJ em alguns eventos de amigos. Fiz uma ou outra perfuração, e, quando a temporada começou a terminar, caímos novamente na estrada. Resolvemos ir para o Nepal, ao encontro de outros *sadhus*.

Primeiro a gente foi pra Nova Délhi, viajando já com uma estrutura melhorzinha, sem tantos perrengues como eu tinha enfrentado com a Flávia. Fizemos safári de elefante pra ver rinocerontes, uma coisa fantástica: você está lá, em cima daquele animal enorme, se achando o rei da selva, de repente topa com um rino, que é um bicho perigosíssimo, então percebe que toda a segurança é relativa, está na sua cabeça apenas.

Tivemos um contato intenso com a natureza, ursos, pavões em cima das árvores; chocante, incrível. Depois passamos por Katmandu e, sem roteiro fixo a ser seguido, nos deixamos ficar algum tempo por lá. Num dia desses, acordei de manhã, em Thamel, uma cidade antiga, encravada nas montanhas, fui até a praça e comecei a assistir a um homem fazendo ioga.

Estava muito frio, e ele logo me chamou atenção porque vestia apenas uma pequena tanga, como se estivesse num agradável dia de verão. Aos poucos fui reparando melhor no homem, fazendo aquelas posturas estranhíssimas, sobre um tapetinho, se movendo com uma elegância incrível, com uns dreadlocks que chegavam quase até o chão.

Tinha o corpo bem diferente dos indianos, que em geral são magrinhos e baixos. Ele não, era um homem das montanhas, alto, esguio, musculoso, um verdadeiro lorde *sadhu*. Eu olhei aquilo e pensei "Uau, isso é ioga?", e tive uma espécie de epifania, de iluminação mesmo. Uma clareza de que também queria aquilo pra minha vida.

Já tinha visto iogues na Índia, principalmente em Goa, mas sempre no contexto hedonista das festas. O propósito era diverso, e o ambiente também. No Nepal, não. No Nepal havia uma atmosfera mística diferente de todos os outros locais em que já estive.

Depois de Thamel, descobri o templo de Pachupatinah, local tradicional de cremação dos mortos, onde os *sadhus* flertavam com as práticas dos faquires. Eram, em sua maioria, da linhagem dos *agoris*; tinham uma energia mais carregada, sombria mesmo. Ali, descobri os caras que enrolavam o pau em bastões de uma forma inacreditável, e outros que erguiam pedras gigantescas pelo saco.

Durante uma visita a um desses *sadhus,* que vivia nas montanhas, resolvi fotografar a prática de elevar objetos pesadíssimos pelos órgãos genitais. Pedi autorização antes de sacar a câmera, claro, e o "homem santo" quis dinheiro em troca. Eu paguei. Então, lá no meio das árvores e dos portais, na ilustre presença de um punhado de macacos, ele deu um jeito de amarrar a pedra no pau e a levantou. Uma pedra pesada, enorme, gigante mesmo.

Eu queria filmar também, por isso pedi que ele repetisse a prática, e ele topou. Fez de novo. Depois se voltou para mim e pediu mais dinheiro, por conta da segunda demonstração. Acontece que eu não tinha mais. Havia dado meus últimos tostões pro indivíduo. Então ele se voltou para mim, apontou os meus dreadlocks e falou em tom sério e raivoso:

– Olha o seu cabelo, você quer ser como eu, o seu cabelo é igual ao meu, seu jeito é igual ao meu, mas você nunca vai ser igual a mim. E cuidado, pois, quando você sair daqui, muita coisa ruim vai acontecer pra você.

Fiquei muito impressionado com aquilo. Uma praga rogada por um homem aparentemente tão poderoso, num templo que ficava ao lado de um imenso crematório, pra um jovem como eu na época, não era pouca coisa. Saí de lá e fui direto cortar o cabelo, na hora, fazer uma purificação. Raspei careca, máquina zero, me desapegando das madeixas que me batiam na cintura e que eu vinha cultivando por mais de uma década.

Depois a gente ainda continuou um tempo no Nepal, longe das festas e das baladas de Goa, e aquela primeira visão do cara fazendo ioga no frio continuou a ecoar nos meus pensamentos.

A partir daí eu passei a comprar e pegar emprestado tudo que era livro sobre o assunto, comecei a estudar por conta própria. Mais tarde, lentamente, eu fui incorporando essas técnicas de respiração no meu trabalho, percebendo como a ioga e as técnicas de perfuração estão realmente próximas e interligadas.

DE FITINHAS CONTRABANDEADAS A BALADAS MILIONÁRIAS

No one has a right to consume happiness without producing it.

Helen Keller (escritora americana)

O começo das raves e a evolução na divulgação.

Quatro meses depois, lá estava eu de volta a São Paulo, ainda mais mudado, metamorfose ambulante total. Dessa vez, além de uma porção de joias chocantes, compradas na Inglaterra, minha mochila continha também uma meia dúzia de fitinhas DAT (*digital audio tapes*), na época usadas para gravar som com alta qualidade. Ali, eternizadas através do bom e velho magnetismo, estavam as primeiras faixas de psytrance a entrar no país pelas mãos de um brasileiro.

No fim do ano, viajei com a Veruska e as fitinhas pra Trancoso, e aquilo ali parecia uma espécie de Goa nacional. Estava cheio de gringos, viajantes *freaks* e neo-hippies. Entre eles, havia dois caras que eu conhecera na Índia, o Jerome e o Max Lafranconi, que começavam a produzir as primeiras raves em território nacional.

Eram eventos pequenos, que durante algum tempo encontraram certa resistência, mas logo conquistaram não apenas os estrangeiros como também a população local. Em pouco tempo as festas de trance se tornaram uma febre em Trancoso.

A gente passou alguns meses mergulhado naquilo, ajudando a produzir, tocando e principalmente curtindo. Quando voltei a São Paulo, no começo de 1997, já tinha na cabeça a ideia de fazer algo parecido por aqui também.

De resto, as coisas avançavam bem. O estúdio ia caminhando cada vez mais próspero. Depois do programa do Jô saíram várias outras reportagens sobre o assunto, e eu continuei participando de eventos diversificados.

O principal deles, sem dúvida, era o Mercado Mundo Mix, onde eu perfurava numa tenda fluorescente, com iluminação de luz negra, e psytrance ao fundo, pra trazer um pouco do clima Goa, simbolizar o rito de passagem. O sujeito entrava lá, no mundo paralelo, e saía perfurado, ou seja, fisicamente mudado.

O Mundo Mix tinha crescido, ganhado fama, e eu conhecia todo mundo. Inclusive, depois de algum tempo, comecei a falar pro pessoal sobre a Galeria Ouro Fino, e uma boa parte da galera resolveu abrir lojas lá também. Dessa forma, aos poucos, o espaço foi se tornando uma referência de contracultura, um point dos moderninhos e descolados.

A gente passou a produzir umas festas também, as "GOFs", de Galeria Ouro Fino. E ia o pessoal do Hell's, da Techno Records, da Chilli Beans, tinha a loja do Alexandre Herchcovitch, da Erika Palomino, do Jum Nakao, um povo que hoje ficou todo chique e colunável, mas que na época era a nata do universo underground.

Depois de um tempo, começaram a ocorrer edições itinerantes do Mundo Mix, em outras cidades, e eu sempre marcava ponto, tanto com os piercings quanto com a música. Nessa época participei também de uma convenção de tatuagem ao lado do Shopping Center Norte e lembro que os caras mais casca-grossa, motoqueiros, punks, metaleiros barbudos e tatuados olhavam o meu estande todo colorido, fluorescente e ficavam com medo de entrar.

Eu era estranho até pro povo mais estranho do país. De tanto viajar e entrar em contato com novas tendências e mundos diversos, me distanciara completamente de qualquer rótulo que as tribos urbanas pudessem tentar me atribuir.

Os que eu não chocava com meus piercings e com a minha aparência, chocava com a minha música. Era realmente muito ET. Mas, no fim, se o pessoal do couro preto não entrava, entravam as meninas, que tinham mais afinidade com as cores, então, tudo bem, *no problem, all freaks are welcome*.

Às vezes, durante os Mundo Mix em outras cidades, a recepção não era, digamos, das mais calorosas. Num desses, em Florianópolis, mal coloquei meu *set* pra tocar e o pessoal simplesmente começou a ir embora. Primeiro esvaziou a pista, depois começou a esvaziar o lugar, até que o dono chegou pra mim e pediu, pelo amor de Deus, para eu parar porque estava todo mundo indo embora. Eu parei, né, fazer o quê? Peguei meu cachezinho, guardei meus discos e fui embora, sem trauma.

Foi também no Mercado Mundo Mix, mas em São Paulo mesmo, que reencontrei o Milton San, um amigo de Goa, que tinha voltado recentemente ao Brasil depois de décadas no Japão. A gente se encontrou, trocou uma ideia, eu virei pra ele e disse que devíamos fazer umas festas, algo inspirado naquelas que havíamos visto na Índia. Ele topou no ato, se empolgou, me empolgou, e imediatamente colocamos mãos à obra.

Primeiro a gente fez uma experiência num lugar fechado, a Torre do Dr. Zero, em Pinheiros (SP). Tocamos apenas psytrance. O pessoal ainda torcia um pouco o nariz pro ritmo completamente desconhecido, mas já teve uma atmosfera bacana e foi bem legal pra uma primeira tentativa.

Paralelamente, comecei a tocar numas festas que o Pil Marques produzia em Cotia, perto de São Paulo, mas que eram festas de música eletrônica mistas, não voltadas apenas ao psytrance. Além do próprio Pil, tocavam alguns dos maiores DJs do Brasil, caras como o Mau Mau, o Pareto, o Jorge Active, cada um com seu estilo. Incrível, também.

Depois disso, o Mil e eu migramos para o Bar do Meio, em Maresias. Na época eu tinha mostrado umas faixas de psy pro Feio, um amigo, ex-surfista profissional muito ligado com a cultura das ondas, que trabalhava com roupas de surfe.

LINDO DE DOER

Ele ficou empolgado com aquilo, e, como era um cara muito conhecido no litoral norte de São Paulo, ajudou a gente a montar a festa em Maresias. Era a única maneira de uns caras que nem a gente, fluorescentes, cabeludos e *freaks*, circularem no meio dos playboys marombados jiu-jítsu daquela região sem sermos chutados direto de volta pra Goa.

Depois, todo mundo acabou comparecendo à festa, e quando a balada rolou com aquela atmosfera que mesclava a psicodelia dos anos 1960 com o visual colorido hindu, o pessoal adorou. Era o maior barato aquilo, misturar nossa ideologia trance com o universo dos marombados e endinheirados frequentadores do litoral norte.

Assim, estimulados pelo sucesso, aos poucos fomos fazendo outras festas em sítios próximos a São Paulo, e outros grupos também foram surgindo. O trance tornou-se uma música comum no Brasil e ajudou a impulsionar o fenômeno das raves, que se multiplicou rápido, virou febre e aos poucos foi se transformando em um negócio que rendia muito dinheiro.

O Feio, que também começava a carreira como DJ, se juntou com um outro conhecido meu, o Rica Amaral, que alguns anos mais tarde se tornaria um dos mais conceituados DJs de trance do país. Quando me conheceu, Rica trabalhava como dentista e complementava a renda vendendo óculos no Mercado Mundo Mix.

Ele se empolgou com o psytrance das minhas DATs e também começou a tocar, no próprio mercado e nas festinhas que a gente produzia e que se tornavam cada vez mais famosas e lotadas. Com o tempo, Feio e Rica começaram a produzir suas próprias raves, batizadas de Xxxperience, que alguns anos mais tarde se tornariam as maiores festas do país, juntando multidões de 30 mil pessoas em sítios pelo Brasil afora.

FAMA GALOPANTE

Amo a liberdade, por isso deixo as coisas que amo livres. Se elas voltarem é porque as conquistei. Se não voltarem é porque nunca as possuí.

John Lennon (músico britânico)

Trabalho publicitário após a fama.

LINDO DE DOER

Com toda essa exposição pessoal que vinha das matérias nas revistas, da aparição no programa do Jô e de tocar nas festas e nos clubes, acabei ficando do realmente famoso. As pessoas me reconheciam na rua e apareciam trabalhos inusitados pra fazer, como o de umas fotos que tirei para uma propaganda de um desses eletrodomésticos que fazem limpeza a vapor.

A campanha seria veiculada no Dia das Mães, e a ideia era mais ou menos a seguinte: eu fazia o papel de filho rebelde, cuja mãe, depois de sofrer tanto, merecia muito bem ganhar o tal do eletrodoméstico.

Os caras me chamaram, eu fui, fiz as fotos e esqueci a história. Segui aproveitando a fama, que tinha seus prós e contras. Quando precisei viajar aos Estados Unidos, pra uma convenção, por exemplo, foi uma ocasião em que o fato de ser conhecido acabou me ajudando.

Eu tinha de tirar o maldito visto, como todo mundo. Contrariando os conselhos da minha mãe, que haviam se mostrado pouco úteis na primeira ocasião, agora não me preocupei em me arrumar todo certinho, ou em mascarar meu estilo. Levemente traumatizado pela rejeição na minha primeira tentativa de ir conhecer a América, e pronto pra ser rejeitado mais uma vez, lá fui eu, porém agora com piercings e tatuagens expostas. Qual não foi minha surpresa quando cheguei ao guichê da entrevista a mulher olhou pra mim e falou:

– Ah, eu te conheço! Você é o cara do Jô, que fura as pessoas. Eu fui à sua loja, já, achei muito interessante.

Pegou meu passaporte, olhou a quantidade de carimbos de visto:

– Nossa, você viajou bastante, né – e *tum*, carimbou a aprovação. Visto de dez anos para a America, baby.

Primeiro fui pra Nova York, fiz um workshop de *branding*, uma técnica que usa queimaduras pra fazer desenhos na pele. E, claro, acabei indo em festas de fetiche e tentei aproveitar a noite ianque ao máximo. Mas a vida noturna nova-iorquina, perto do que eu tinha visto em Londres, em Goa e em Ibiza, era bem caída. O que me faz pensar que, no fim das contas, foi bom ter aquele primeiro visto negado. A vida às vezes é curiosa, uma espécie de conspiração pra que as coisas deem certo no final.

De volta a São Paulo, fui passar na casa da minha mãe, num domingo qualquer, e levei um baita susto. Lá, bem em frente ao apartamento dela, num outdoor gigantesco, estava a minha foto com o eletrodoméstico no pescoço, cabelo vermelho, regata pra mostrar os braços tatuados e língua de fora, exibindo um piercing cromado. Eu tinha até esquecido das fotos, mas, no fim das contas, minha mãe até achou divertida a história. Divertida também pro pessoal da música eletrônica, que aproveitou pra me descolar um apelido novo: DJ Vaporita.

Era engraçado, inusitado, topar com a minha própria cara reproduzida por toda a cidade, o que acabou me tornando ainda mais famoso e me levou, então, ao lado não tão bom de se ter tanta exposição. Afinal, ao aparecer para o público em geral, acabava aparecendo também para as autoridades.

Não que isso fosse ruim. Durante um tempo eu até tentei regularizar meu estúdio, mas não conseguia, porque simplesmente não havia nenhum nicho legal onde eu pudesse me encaixar. Para a lei, estúdios de piercing não existiam, portanto não podiam ser legalizados.

Cheguei, inclusive, a ligar para a Secretaria de Saúde e me denunciar. Dizia que tinha um maluco na rua Augusta furando as pessoas com agulhas, que poderia ser uma ameaça à saúde pública e que alguém devia ver o que era aquilo realmente. Ninguém apareceu.

Até que, em 1997, num dia como outro qualquer, estava eu lá na minha loja e me apareceu uma verdadeira horda de fiscais, médicos, oficiais de justiça e policiais civis. Por um momento eu fiquei feliz, achei que minhas denúncias tinham surtido efeito, falei para eles serem muito bem-vindos, entrarem e se acomodarem, mas, na verdade, as coisas eram ligeiramente mais problemáticas. Diziam que havíamos perfurado dois menores de idade e que isso nos traria uma série de problemas legais.

Há alguns meses havia sido aprovada uma lei, do deputado Campos Machado, que tornava ilegais perfurações em menores de idade. Na verdade, a lei estava mais voltada para as tatuagens, mas os piercings, que eram algo praticamente desconhecido, acabaram inseridos ali por tabela.

Na época em que o projeto foi proposto, houve muita discussão sobre o assunto, mas a maioria dos profissionais – e eu me colocava entre eles – achou melhor deixar o legislativo decidir. Nos propusemos a acatar o que a lei mandasse. E assim foi. A partir do momento em que o projeto tornou-se lei, paramos de perfurar menores de idade.

Os fiscais que visitaram a minha loja naquela tarde fatídica, contudo, não aceitaram essa explicação. Quiseram ver as fichas de todas as pessoas em que havíamos feito piercing. Viraram, reviraram, fuçaram e acabaram achando. Estava lá, entre as centenas de perfurações dos últimos meses havia o nome dos dois menores em questão, um deles, filho de um juiz. Haviam sido perfurados por meu funcionário enquanto eu estava nos Estados Unidos.

Acontece que os indivíduos tinham nos apresentado carteiras de idade falsificadas, então não havia como sabermos que eles eram menores de idade. Isso, mais tarde, me isentaria da culpa pelas perfurações, mas não impediu que os fiscais, finalmente, descobrissem que estúdios de piercing existiam.

LINDO DE DOER

Num primeiro momento fui acometido por um leve pânico porque eles me autuaram por tudo. Do fio de cabelo num canto atrás do balcão, às agulhas, passando pelos produtos que eu usava. Enfim, disseram que estava tudo errado, o que, evidentemente, não era verdade, já que eu seguia os padrões de higiene europeus. Depois me deram um calhamaço de multas, lacraram a loja e foram embora.

Por sorte, o médico que estava junto durante a autuação era um cara gente boa, e me explicou pacientemente tudo o que eu precisava fazer pra me legalizar. Chamei um amigo advogado, e a gente entrou junto com o processo para colocar tudo dentro da lei. Não foi tarefa fácil. Porque, antes de me conceder o alvará, a Secretaria de Saúde queria, vejam só, que eu provasse que piercings existiam. Então tive de reunir uma série de livros, depoimentos em revistas estrangeiras e matérias que tinham sido feitas comigo na imprensa brasileira, pra provar que o meu mundo era real.

Na falta de outra qualificação, coloquei lá como local de "aplicação de joias antialérgicas pelo corpo". O médico que assinou o processo de legalização era o cara da vigilância sanitária, um sujeito razoável, que percebera minhas boas intenções e a seriedade do meu trabalho.

Assim, depois de alguns sustos e um longo processo burocrático, a Body Piercing Clinic se tornou o primeiro estúdio de piercing do Brasil a funcionar com alvará.

KLATU BARADA NIKTO

A música tem uma coisa boa: quando bate você não sente dor.

Bob Marley (músico jamaicano)

O som não pode parar.

LINDO DE DOER

Em 1998 a moda das raves explodiu. O Brasil, de uma hora pra outra, entrou no mapa mundial do trance. A Veruska e eu aproveitávamos pra surfar a onda flúor. Alugamos outro ponto na Galeria Ouro Fino e montamos uma marca de roupa voltada apenas para a moda das festas, a Glow.

Passei a ir a Nova York com alguma frequência, pra trazer mercadoria. Ao mesmo tempo, havia uma porção de viajantes que andavam o mundo em busca de raves e acabavam no Brasil. Aos poucos, quando esse pessoal foi descobrindo que a gente tinha a loja, passaram a trazer coisas pra nos vender e complementar o orçamento de viagem, então era um negócio que ia se autoalimentando, crescendo coloridamente, se multiplicando e dando lucro.

Nessa época, eu acabava cuidando mais dos piercings e a Vê tocava a loja de moda, mas a gente tinha uma forma de trabalhar muito bacana, uma sinergia que nos fazia um casal próspero e entrosado.

Assim, com tudo dando certo, com as raves constituindo-se na balada do momento e com o psytrance imperando nas pistas enlameadas pelo Brasil afora, a gente resolveu expandir novamente.

O Jerome, o Mil San e eu resolvemos criar uma festa fechada, que funcionasse apenas um dia por semana, tocando apenas trance. Porque, nessa época, a cultura dos clubes já estava sedimentada em São Paulo, já tinha o Hell's, o B.A.S.E., o U-Turn, o Stereo e o Lov.E, entre outros.

Só que esse pessoal que curtia house, techno e drum'n'bass não mostrava muita abertura para o trance, porque a gente era muito estranho, muito *freak* pra eles. Ainda hoje há algum preconceito em relação à música das raves, vista como algo mais simples, mais pra moleques ou pros muito loucos.

Em busca do nosso espaço urbano na noite paulistana, achamos um clube na rua Augusta, uma caixa escura e vazia, pintada de preto, onde tocava black music e hip hop. Fomos lá conversar, explicamos o projeto e convencemos o dono do local a nos alugar o imóvel uma noite por semana. Nessa época, um gringo amigo meu que era DJ, do grupo Psychodelic Underground, resolveu voltar pra Inglaterra e colocou todo o equipamento de som à venda.

Até então, nas nossas festas, tanto em Trancoso quanto em São Paulo, a gente alugava o sistema de som, o que se constituía numa eterna fonte de problemas, já que não era todo mundo que topava fazer negócio com um bando de malucos que produzia festas em clareiras no meio do nada, e os que topavam não tinham equipamentos que prezavam muito pela qualidade sonora.

Por tudo isso não foi difícil convencer o Mil a comprar o som em parceria comigo. Era um superequipamento, duas caixas gigantescas e amplificadores, tudo com estojos pra facilitar o transporte. Depois, pra fazer aquilo funcionar nas raves, a gente teve de ir estudar pra descobrir, por exemplo, quanto de gasolina um gerador precisava pra sustentar a balada até o fim. Após algum tempo a gente acabou comprando também um gerador e um jogo de luzes, e eu virei uma espécie de eletricista autodidata.

O clube que a gente conseguiu descolar, aquela caixa escura e fedorenta, ficava dentro de uma galeria, cujas lojas abriam às seis da manhã, por isso a festa só podia durar da meia noite às seis. Não teria a mesma duração de uma rave, mas o jeito era aproveitar a oportunidade e ir adiante.

Então, com som a postos, público cativo e experiência em agitar as pistas, parecia tudo pronto pro novo empreendimento. Mas só parecia. Afinal, para nós, não bastava apenas distribuir alguns flyers, arrumar alguém que vendesse bebida e ligar o som no talo. Não, muito pelo contrário.

A ideia não era só trazer o som das raves pra uma balada fechada, era recriar toda a atmosfera de Goa, trazer o clima e a filosofia da Índia para um inferninho na rua Augusta, o que, diga-se, não foi nada fácil. Tudo tinha de ser feito na própria quinta-feira, já que, nos outros dias, o clube funcionava normalmente. Então a gente chegava bem cedo e passava horas e mais horas preparando tudo, trabalhando principalmente na decoração.

Logo na entrada a gente espalhava várias velas, com incenso e castiçais pra trazer toda a atmosfera mística e espiritual que nosso público encontrava nas Daime Tribes, no meio do mato.

O Mil tinha uns amigos japoneses que criavam uma parte da decoração toda feita de linhas fluorescentes, depois a gente colocava os panos que eu havia trazido da Índia, da Indonésia e da Tailândia, chocante. Pra completar, a gente reunia uma porção de alternativos e fazia um mercado livre, onde o pessoal vendia instrumentos tribais, camisetas e diversos tipos de artesanato.

A montagem era bastante cansativa e, pra piorar, na manhã seguinte, esgotados após uma noite inteira administrando a balada, a gente tinha de tirar tudo, deixar só as paredes pintadas de preto. Um típico exercício budista de construção, destruição e desapego, que poderia constituir-se numa boa homenagem ao deus Shiva Nataraja, o iogue representante da dança.

Pra mim, que ainda tinha de cuidar da Body Piercing Clinic, ajudar a Veruska com a Glow e tocar em vários lugares, o trabalho não era pouco. Mas valeu a pena. Já na primeira noite, o público chegou a umas cem pessoas, o que não era muito, mas foi uma festa bonita, divertida, e isso era o mais importante pra gente. Na quinta-feira seguinte a frequência dobrou, daí o negócio foi crescendo, o boca a boca foi fazendo a balada ficar conhecida, até que chegamos a colocar mais de oitocentas pessoas lá dentro.

Era bacana, porque, além de reunir o pessoal das raves, o Klatu permitia que as tribos mais urbanas, que não se arriscavam a meter o pé na lama pra curtir uma festa de sítio, fossem conferir o que era aquele novo tipo de música que reunia tantos malucos do mundo inteiro.

LINDO DE DOER

Além disso, foi um importante laboratório de estilos de trance no Brasil. Ali se apresentaram renomados DJs internacionais, como A. B. Didgeridoo, Andrenaline, Jörg, Goa Gil, Raja Ram, MAC e Olli Wisdom, entre outros.

Enquanto isso, pelos campos, praias, pastos e sítios, as raves cresciam e se multiplicavam. Em pouco tempo, viraram um negócio incrivelmente lucrativo. Adolescentes recém-saídos da casa dos pais se tornavam milionários da noite para o dia produzindo ou tocando nas festas. Novos núcleos surgiam todo fim de semana, cada um tentando atrair mais gente pra baixo das tendas coloridas. O público crescia exponencialmente e já não era composto apenas pelo povo flúor. O ecstasy, lentamente, passava de acessório a protagonista das baladas.

Aos poucos, as autoridades também foram tratando de prestar mais atenção nesse novo fenômeno, a fiscalização se intensificou, e logo uma boa amostragem dos traficantes pés de chinelo, dos DJs que traziam balinhas do exterior e da molecada que consumia, acabou indo parar atrás das grades.

A música eletrônica passou a ser cada vez mais associada à venda e ao consumo de drogas. Coisas bizarras começaram a acontecer. Lembro de uma noite, no Hell's, quando, no meio da balada, o som parou, acenderam-se todas as luzes e de uma hora pra outra o lugar estava cheio de policiais, esquadrão de elite, com máscara ninja e metralhadora em punho.

Entraram apavorando, quem conseguiu deu um jeito de dispensar os bagulhos na privada ou no chão mesmo, mas mesmo quem não tinha nada acabou tendo de fazer uma visita forçada ao distrito policial.

Foi uma cena completamente surreal, porque o 78º DP ficava bem ao lado do clube, então os policiais fizeram um corredor polonês, e todo mundo que estava no balada era obrigado a sair e passar por aquela espécie de túnel formado pelos homens da lei, que desembocava direto no pátio da delegacia. Coisa de louco.

Nas festas também era cada vez mais comum aparecerem policiais à paisana, prendendo a molecada ou pedindo uma grana de propina pra que a balada pudesse continuar.

Além disso, quando ficou claro que as raves podiam render realmente muito dinheiro, surgiu uma porção de aproveitadores em busca de lucro. Mesmo em volta da gente, da Daime Tribe, sempre tinha algum urubu, algum vampiro querendo sugar um pouco o pescoço de quem quer que estivesse por trás de um núcleo bem-sucedido de festas.

Assim, aos poucos, o objetivo das raves foi deixando de ser a diversão e a confraternização para se tornar um negócio, apenas business. Quanto mais gente melhor, e salve-se quem puder.

Eu, de minha parte, quando comecei a perceber pra onde aquilo estava caminhando, dei vários passos pra trás, me afastei e fui tratar de cuidar da minha lojinha e da minha carreira como piercer.

ELVIS NÃO MORREU, VIROU PADRE EM VEGAS

Viver é a coisa mais rara do mundo – a maioria das pessoas apenas existe.

Oscar Wilde (escritor irlandês)

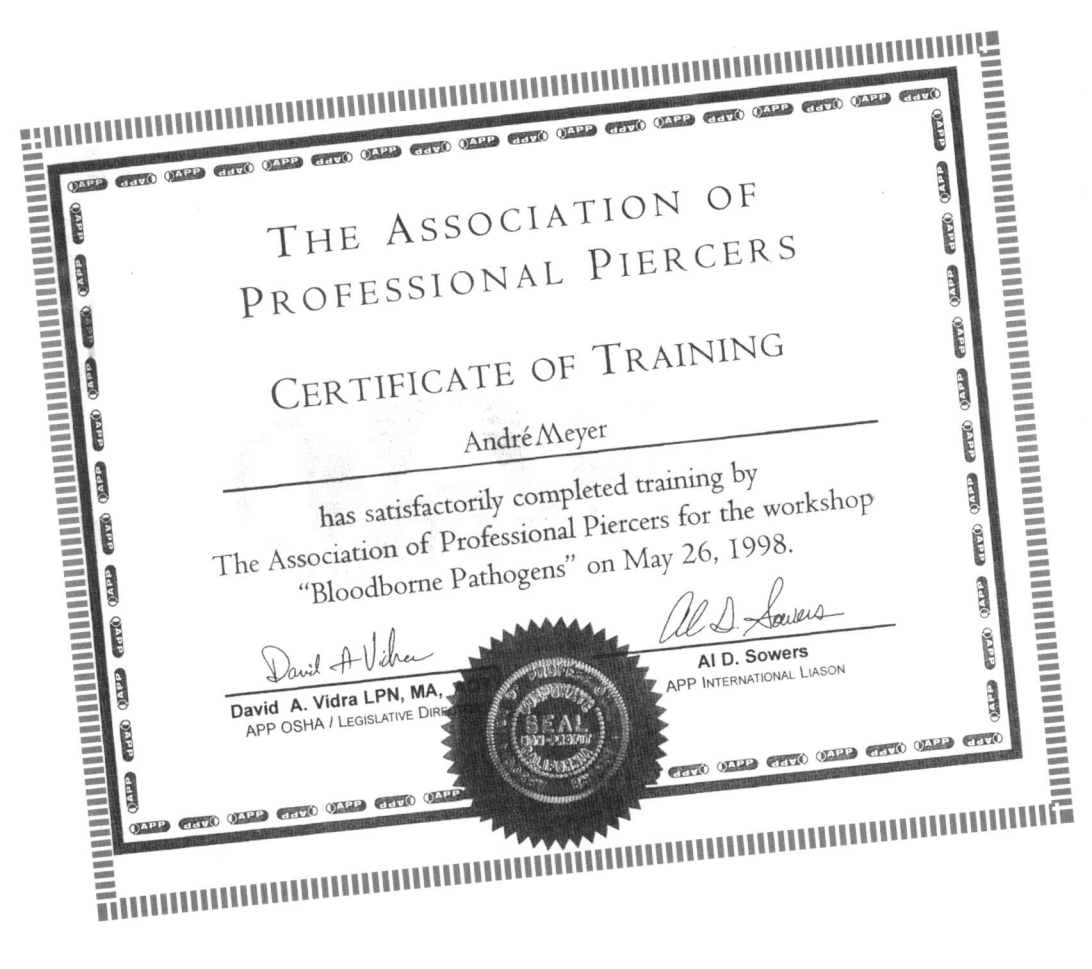

THE ASSOCIATION OF PROFESSIONAL PIERCERS

CERTIFICATE OF TRAINING

André Meyer

has satisfactorily completed training by The Association of Professional Piercers for the workshop "Bloodborne Pathogens" on May 26, 1998.

David A. Vidra LPN, MA,
APP OSHA / LEGISLATIVE DIR...

Al D. Sowers
APP INTERNATIONAL LIASON

Com licença para furar.

LINDO DE DOER

Em maio de 1998, fui com a Veruska pros Estados Unidos, participar da primeira convenção exclusivamente voltada para o universo piercer do mundo, que aconteceu em Las Vegas. Passamos alguns dias em Nova York, flanando pela Big Apple, depois descambamos pra cidade do pecado.

Vegas, incrível! Para alguém como eu, acostumado com o universo transcendental, colorido, aquela efervescência toda, aquele monte de cassinos, dinheiro rolando solto, era um mundo muito diferente, completamente fantástico e surreal.

A convenção acontecia no Hard Rock Cassino, onde a gente também ficou hospedado. Tratamento vip, estilo pop star, fantástico. E quando eu chegava lá, no meio daquele pessoal do rock, do punk, e dizia que era brasileiro, que produzia festas em lugares paradisiacamente afastados, que tinha estado em Goa, viajado por toda a Índia e descoberto produtores de joias artesanais na Indonésia, os caras ficavam de queixo caído comigo.

Porque nos Estados Unidos a moda piercer surgiu nos guetos gays, depois se expandiu impulsionada por Hollywood. Não tinha nada a ver com espiritualidade, ioga ou transcendência. Eles ouviam o que eu dizia e não entendiam nada, me olhavam com sorrisos de ponto de interrogação, mas achavam aquele exotismo todo completamente fascinante. Rolava uma espécie de magnetismo em volta de mim, e por onde quer que eu andasse sempre tinha gente querendo conversar, saber de onde eu era, saber do Brasil e das viagens pelo mundo.

Em matéria de informação e novidades, a convenção foi superútil. Aprendi bastante sobre a técnica americana e participei de vários workshops que me valeram meu primeiro certificado como piercer profissional, pela APP (Association of Professional Piercers).

Além disso, era muito fácil fazer contatos no evento, que, por ser o primeiro a acontecer na cidade, tinha um clima informal e poucos expositores. Não havia nem estandes de venda, e depois das palestras e workshops a gente se encontrava nos corredores do hotel pra comercializar ou trocar joias. Assim, nesse clima de acampamento do ginásio, acabou todo mundo ficando amigo.

Numa dessas, no fim de mais um dia de palestras, o Alan Faulkner, um dos caras com quem eu tinha feito amizade, convidou a Veruska e eu para uma festa em que a mulher dele ia fazer uma performance. Deu uns passes livres na nossa mão e a gente foi, imaginando que ia chegar a algo parecido com uma rave de trance, ou, no máximo, uma festinha de fetiche básica.

Quando a gente chegou, a balada era no Paradise Now, uma das casas de striptease mais tradicionais e badaladas de Vegas, onde, *by the way,* a prostituição é legalizada. A gente entrou lá, naquele lugar incrível, cheio de luzes, espelhos e gatas esculturais, nuas em pelo, se contorcendo pelos cantos do salão. No fim fomos descobrir que a própria mulher do Alan, Maisumi Max, era uma stripper gostosíssima que fez um show incrível, abrindo espacate e cuspindo labaredas de fogo.

Foi uma noite fantástica, muito divertida, mas ainda tivemos uma última surpresa antes de irmos embora. Com um bom tanto de atraso, descobrimos que aquilo, na verdade, não era uma balada qualquer e sim uma inusitada festa de casamento, de um outro participante da convenção.

Casamento, Vegas, Veruska, eu, um olhou pro outro, rolou aquele brilho de empolgação e não deu outra. No dia seguinte lá estávamos nós, entrando numa limusine branca, que nos levaria a uma das várias capelas da cidade.

Não era nada complicado casar em Vegas. Na verdade, havia uma verdadeira indústria do matrimônio, e na própria recepção do hotel onde estávamos hospedados tinha vários menus espalhados, onde era possível escolher o tipo de cerimônia.

Havia pacotes pra todos os gostos: ir pra igreja de carruagem, de limusine ou de helicóptero; ser casado por um pastor protestante, um padre católico, ou um sósia do Elvis; realizar a cerimônia numa igreja pequena, sem convidados, ou numa gigantesca, com figurantes contratados. Era assim, dava pra casar gastando U$ 100 ou U$ 100 mil.

No fim a gente escolheu um pacote intermediário. Tivemos direito a uma cinta-liga, que a Veruska usou com uma mini-saia e que combinou bem com meus coturnos; uma limusine branca pra nos levar até o cartório e de lá pra igreja; o padre Elvis; e ainda tinha uns convidados figurantes que jogaram arroz no final.

No cartório foi a parte mais estranha porque ao lado da fila do casamento tinha uma outra, pra anular casamentos. Afinal, ainda hoje não são poucos os turistas que passam a noite enchendo a cara e acabam pagando uma stripper qualquer pra lhes dizer sim, só pelo prazer de casar em Vegas. E na manhã seguinte, com a cabeça latejando de ressaca, lá vão eles com as moças de salto alto e mini-blusa desfazer oficialmente o matrimônio.

Enquanto esperávamos a nossa vez, tinha uma garota que estava esperando numa fila e já ia entrar em outra, pra casar novamente. Só em Vegas mesmo.

This is America, everything is possible!

Assim, em questão de horas, estávamos unidos pelos laços do matrimônio. Foi a única vez que casei no papel, e, como ainda não peguei a segunda fila, acho que, ao menos nos Estados Unidos, sou casado até hoje. Então, depois de uns dez ou quinze dias em meio aos luminosos de neon, agora em companhia de minha esposa oficial, voltei ao Brasil, para as festas, pro Klatu e pras lojas na Ouro Fino.

Mas não demorei muito a voltar para os Estados Unidos. Porque quando saí de lá já estava com uma ideia na cabeça, uma ideia vertiginosamente assustadora e dolorida, que deixaria minha vida ainda mais emocionante e surreal.

TESTANDO NERVOS E REVIRANDO ESTÔMAGOS EM OKLAHOMA

O medo é o pai da moralidade.
Friedrich Nietzsche (filósofo alemão)

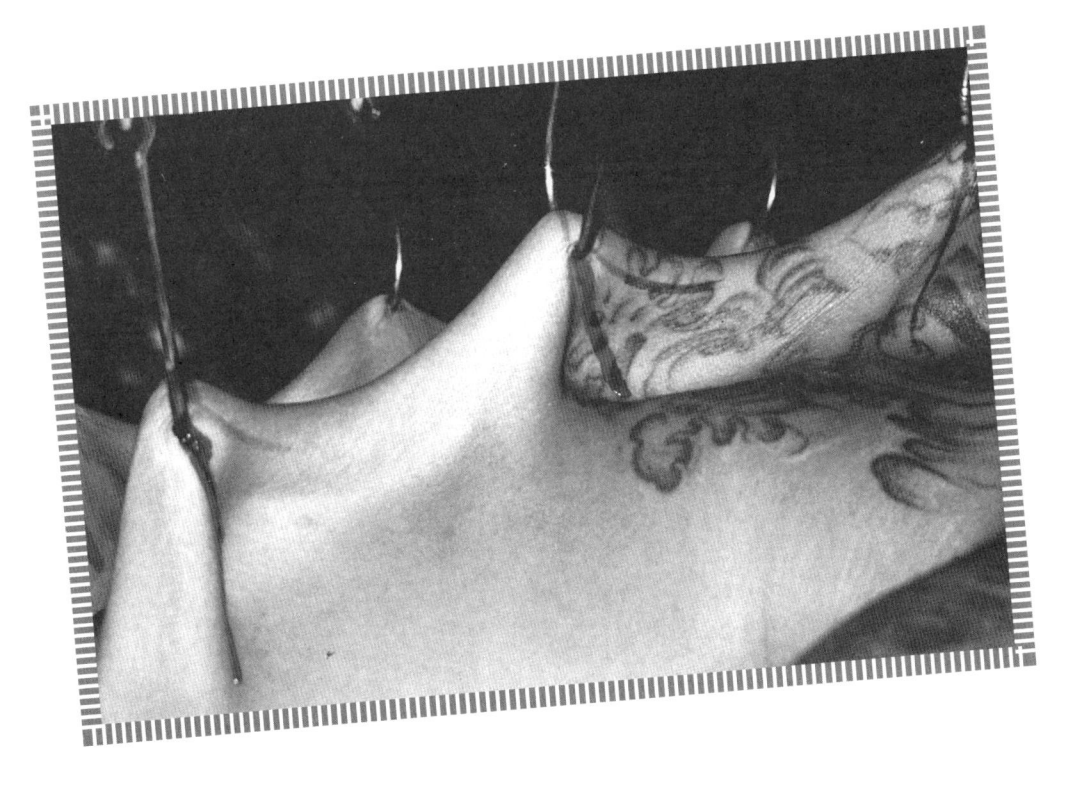

Na pele, na alma.

LINDO DE DOER

Cada vez que eu voltava da Índia, do Nepal ou da Tailândia, sempre com a bagagem cheia de histórias fantásticas e personagens inacreditáveis, um dos primeiros a me procurar era o Arthur Veríssimo. Pra ele, minhas viagens valiam ouro, e não foram poucas as vezes que ele viajou para os mesmos lugares que eu, pra fazer suas clássicas e inusitadas matérias de jornalismo *gonzo*, publicadas pela revista *Trip*.

Então, quando cheguei com a nova ideia ele não teve como não me apoiar. E também não foi necessário tanto apoio assim, porque bastou o Paulo Lima, dono da editora Trip, ouvir os primeiros detalhes do plano pra que a revista me desse tudo de que eu precisava.

Algumas semanas depois, lá estava eu, novamente no interior dos Estados Unidos, agora na cidade de Oklahoma, ao lado das pessoas que lidavam com o que havia de mais extremo em relação a perfurações corporais.

O grupo, que eu havia conhecido na convenção de Las Vegas, chamava-se Traumatic Stress Discipline (TSD), algo como Estudos de Estresse Pós-Traumático, em tradução livre para o português. Eram especialistas em técnicas de suspensão humana.

Faziam releituras de rituais tribais, transformando-os em incríveis e agonizantes performances modernas e sadomasoquistas. O grupo era coordenado pelo Alan Faulkner, meu amigo de Las Vegas, que constava no livro dos recordes como o único homem a ter sido suspenso por um gancho só.

Na primeira etapa do trabalho pra *Trip*, me dediquei a conhecer melhor o grupo TSD e fiquei ajudando, fotografando e filmando uma apresentação que eles fizeram num salão de baile, pra caipirada de Oklahoma. Só tinha *red neck*, pessoal do interiorzão mesmo, casca-grossa. Pra se ter uma ideia, na entrada do local, uma casa onde nos dias normais tocava-se música country, havia uma placa gigantesca avisando aos espectadores que as armas de fogo eram proibidas no interior da plateia e deveriam ser deixadas na entrada.

O único latino no meio daquele povo, num dos estados com o maior número de membros da Ku Klux Klan dos Estados Unidos, era eu, trance, colorido, tatuado e perfurado, tendo vários flashbacks dos meus anos londrinos, meus amigos punks skinheads.

Nessa época em que viajei pra lá, acontecia uma coisa muito curiosa em Oklahoma. Havia uma lei que proibia estúdios de tatuagem na cidade, por isso todos os jovens rebeldes que queriam mostrar atitude através de modificações corporais acabavam fazendo piercings. Não havia outra possibilidade.

Testando nervos e revirando estômagos em Oklahoma

O evento do TSD havia sido patrocinado por um estúdio local de perfuração, que vinha fazendo fortuna com as agulhadas monopolizadoras por lei.

A juventude da cidade, que devia passar os dias ruminando o tédio ressecado do interior, compareceu em peso ao evento, lotando a casa com cerca de quinhentas pessoas. Coitados! Não estavam preparados para o que veriam naquele pacato palco provinciano. Quando o show começou, eu, que já estava acostumado com perfurações, rituais masoquistas e afins, tive de me concentrar pra conseguir filmar e fotografar, de tão fortes que eram as cenas.

As performances, batizadas de Cycle of Life, começavam com um homem que saía de dentro de uma bola de borracha preta, uma metáfora do nascimento. O Alan saía, em posição fetal, só que estava pendurado, por ganchos cravados na pele dos joelhos. Os ganchos para a suspensão medem cerca de 4 centímetros e são cravados como piercings, mas numa profundidade bem maior, para impedir que a pele se rasgue ao suportar todo o peso do corpo.

Depois apareciam vários outros performáticos, todos suspensos daquele jeito, em posições e movimentos que simulavam as várias fases da vida humana: crescimento, casamento, velhice e morte. Havia suspensões de todos os tipos, em todas as posições: um cara que chegava numa cadeira de rodas e era erguido sentado, outro que, pendurado com a namorada, transformava o próprio corpo numa gangorra sadomasoquista, e assim por diante.

E a cena final, da morte, era a mais impressionante. Um cara ficava pendurado deitado de barriga pra baixo, com vários ganchos cravados nas costas e nas partes posteriores das pernas. Embaixo dele havia outra pessoa, também suspensa, por ganchos que eram presos no peito, abdômen e pernas do primeiro. Então, para o sujeito que estava em cima, era como se ele estivesse duplamente suspenso, esticando a pele ao máximo, numa cena incrivelmente agonizante.

Era muito hardcore, o show, fortíssimo. Na época, as pessoas não sabiam o que era suspensão, não havia essa moda que há hoje. E a apresentação deles era tão incrível que eu nunca mais vi nada tão intenso quanto aquilo. Além dos caras suspensos, havia outros com lanças transpassando a bochecha, girando com pesos de chumbo presos à pele, sempre fazendo referência a rituais tribais diversos.

Enquanto isso tudo acontecia no palco, o pessoal na plateia tinha reações diversas. Alguns levantavam e iam embora, outros assistiam vidrados sem piscar, até que, de repente, *plac*, desmaiou um, e *plac* desmaiou outro, mas o show não podia parar.

O sangue continuava escorrendo no palco enquanto os caipiras desacordados iam sendo carregados pra receber cuidados médicos. Quando o espetáculo terminou, o banheiro estava completamente vomitado do pessoal que, literalmente, não tinha estômago para ver aquilo. Coitados dos caipiras.

LINDO DE DOER

Mas valeu, foi fantástico. Para mim, ver tudo aquilo foi ótimo, porque eu tinha certeza de que estava com os melhores, me sentia completamente seguro pra ir ao extremo do universo piercer, para ser erguido por aqueles enormes anzóis de metal presos na pele. Assim, alguns dias depois do show, voei para Dallas, pra encontrar o Alan Faulkner, que tinha topado me suspender e me incluir naquele seleto grupo de seres humanos.

A FRONTEIRA FINAL

A dor é inevitável, o sofrimento é opcional.
Carlos Drummond de Andrade (poeta brasileiro)

Limite ilimitado...

LINDO DE DOER

O que inicialmente me levou a encarar a suspensão humana foi a possibilidade de divulgar meu trabalho por meio da matéria na revista *Trip*. Mas essa estava longe de ser a única motivação. Havia também uma intenção clara de me colocar naquele extremo como uma forma de minimizar, para a sociedade, o impacto de uma perfuração corriqueira. Afinal, o que era um furinho no nariz, no umbigo ou na sobrancelha perto de algo tão radical quanto ser erguido por ganchos profundamente encravados na pele?

A ideia era ir realmente ao limite da minha profissão, conseguir experimentar, na própria pele, tudo o que havia no mundo em matéria de body-piercing. Nessa época eu já tinha feito praticamente todas as perfurações possíveis, incluindo algumas bem dolorosas, como o *ampallang* na glande e o *barbell* no mamilo.

Ao longo do tempo, fui percebendo que essas perfurações, para mim, eram pequenas conquistas profissionais. Eu não tive uma carreira formal, mas creio que esses desafios, quando superados, equivaliam a algo como passar no vestibular, concluir uma pós-graduação, ou ganhar uma bolsa de estudos.

Eram etapas, degraus a serem galgados para conquistar a excelência na minha área de atuação. E dentre tudo o que havia para experimentar, a suspensão era certamente o mais extremo e desafiador.

Por isso, durante algumas semanas me preparei com afinco. Há algum tempo já vinha estudando ioga e outras técnicas de meditação, e foi esse o caminho que escolhi para colocar meu corpo em forma. Parei de beber, de fumar, de usar qualquer tipo de droga e de comer carne, e passei a meditar diariamente, focando, sobretudo, exercícios de respiração.

Quando chegou o dia da suspensão, eu estava calmo, tranquilo, certo de que havia me preparado bem e de que o pessoal do TSD realmente sabia o que estava fazendo. E ainda bem que eu estava seguro e confiante, porque a tensão começou muito antes de os anzóis chegarem perto da minha pele.

Antes de mim, o grupo suspendeu outro cara que, assim como eu, era amigo do Alan e tinha uma boa coleção piercings espalhados pelo corpo. Mas assim que foi içado no ar o sujeito entrou em choque e começou a convulsionar, chacoalhando violentamente o corpo pendurado, dando a impressão de que a qualquer momento a pele das costas ia rasgar e ele tombaria ensanguentado no chão.

Por sorte a equipe estava atenta e agiu rápido, baixou-o imediatamente, e prestou os primeiros socorros, estabilizando a condição do cara, que não sofreu consequências maiores do que o trauma e a desilusão de fracassar numa experiência tão intensa e simbólica. Eles chegaram a me perguntar se, diante daquela cena tão assustadora, eu queria rever minha decisão de ir adiante, mas a possibilidade de desistir não passou pela minha cabeça.

Fui lá, deitei sobre a mesa e comecei um exercício de respiração, meditação e relaxamento. As pessoas falavam em volta e eu não dava muita atenção, seguia mergulhado em mim mesmo. Quando chegou a hora das aplicações respirei fundo, e recebi de bom grado as oito perfurações. Seis nas costas, e duas nas pernas. Na hora senti as pontadas bastante agudas de dor, mas nada insuportável.

Os anzóis são cravados aos pares, por duas pessoas, o que faz que o corpo sinta uma única fisgada a cada par de espetadas. Mas, nesse momento, por incrível que pareça, a descarga de adrenalina fez que a sensação não fosse tão dolorosa quanto eu esperava. Quando chegou a hora das perfurações da perna eu simplesmente não senti dor. Absolutamente nada, além da pressão e da sensação térmica do metal dentro da pele.

Na verdade, o medo e a ansiedade por saber que estava prestes a ser içado causavam muito mais incômodo do que as perfurações. O medo altera seu organismo de forma radical. Ou você produz mais adrenalina, endorfina e dopamina e para de sentir a maior parte da dor, ou você entra em colapso, desmaia e tem uma convulsão, como tinha acontecido com o cara suspenso antes de mim.

Então é preciso alinhar, equilibrar essas sensações, pra manter o corpo funcionando normalmente numa situação de estresse total. E nesse sentido, a ioga e a respiração foram fundamentais para a manutenção do meu autocontrole.

Eram essas técnicas que me davam a certeza de que de forma alguma eu teria um colapso, como o sujeito que foi suspenso antes de mim, ou como aquele que tive durante a perfuração do *ampallang*.

De qualquer maneira, as perfurações foram bem suportáveis e mais do que da dor, eu me lembro das temperaturas, da sensação do metal frio penetrando na carne escaldante de tão quente. Porém, apesar do alívio de ter superado as perfurações, nesse momento, enquanto eu estava lá, deitado com os ganchos presos nas costas, ficava claro que o pior estava por vir.

Então, guiado pelos membros da equipe, com os ganchos cravados na pele, caminhei calmamente até outra sala, onde seria realmente erguido. A consciência de que, naquele momento, eu seria amarrado em uma série de cordas e depois içado no ar e a antevisão de meu próprio corpo naquela situação eram horripilantemente assustadoras.

Mais tarde, quando me colocaria do outro lado, perfurando e suspendendo outras pessoas, descobriria que esse sentimento é bastante normal. É exatamente nesse momento em que ocorrem as desistências, após a perfuração e antes da suspensão propriamente dita.

Mas, para mim, a desistência não era uma alternativa. Continuei respirando, alguém fez uma contagem regressiva de três segundos, e eu senti os ganchos se movendo, a pele esticando, esticando, a pressão nas costas, o sangue escorrendo em filetes vermelhos, e de repente aconteceu. Estava no ar, flutuando.

Assim que meu corpo despregou da maca eles pararam, e esperaram alguns segundos pro organismo se acostumar. Não me lembro de sentir dor nesse momento, apenas uma dificuldade incrível de respirar. Os pulmões ficaram paralisados de medo e choque, numa reação que eu já tinha experimentado quando, alguns anos antes, havia saltado de paraquedas, no interior de São Paulo, com a Flávia.

Mas esse choque, essa espécie de vertigem, durou apenas alguns instantes, e logo tratei de pôr meus pulmões no ritmo novamente. Aos poucos a sensação de agonia, medo e dor foi se invertendo, se tornando mais prazerosa. Aquelas químicas todas correndo pelas sinapses e a sensação de superação de limites faziam que, de repente, a experiência se tornasse incrivelmente agradável.

Depois eles me içaram mais, me balançaram de um lado para o outro, me rodaram pela sala feito um brinquedo de parque de diversões, e eu fiquei lá, suspenso por um período que não sei precisar, porque a sensação de passagem do tempo se dissolveu enquanto eu estava suspenso.

Hoje acho que é aí, nessa sensação, nessa mistura de eternidade com fugacidade que se encontra o lado espiritual da experiência. Porque naqueles instantes em que fiquei suspenso – que, depois me disseram, duraram pouco mais de vinte minutos –, eu estava realmente em outra realidade, em outro plano existencial.

É uma sensação muito prazerosa mesmo, que mistura essa enxurrada química de alegria e felicidade, que automaticamente ocorre no corpo, num sentimento de vitória e superação.

Anos depois, quando essa prática se tornou mais conhecida e até, de certa forma, corriqueira, eu conheceria gente que se suspendeu várias vezes, o que pode estar relacionado ao prazer químico. Por outro lado, acho que tem a ver também com uma necessidade de autoafirmação às vezes meio ególatra.

Não são poucas as pessoas que vêm me falar que se suspenderam dez vezes, que ficaram suspensas por duas horas, com cinquenta pesos pendurados no corpo. Pra mim, naquele ponto, a experiência única já era o suficiente. O pessoal do TSD, contudo, parecia pensar diferente. Quando já estava achando que eles iam me baixar, que já tinha superado o maior dos desafios relacionados à minha profissão, o Alan se aproximou com um sorriso seguro e confiante no rosto.

No ato percebi o que ele queria, e voltei à realidade, sentindo um arrepio frio correr pela espinha. Eu disse que não, que já tinha vivenciado o suficiente, que talvez pudéssemos tentar aquilo numa próxima oportunidade.

Mas ele não concordou comigo, insistiu e, antes que eu pudesse dizer que não novamente, agarrou-se nos meus ombros e se pendurou em mim feito um coala. Por mais alguns instantes ficamos os dois balançando lá, pendurados apenas pela pele das minhas costas e pernas que, apesar de parecer tão fina e delicada, agora suportava um peso de aproximadamente 140 quilos.

Depois, ele se soltou, me balançou mais um pouco e, aos poucos, foram me baixando de volta na mesa. Quando as cordas afrouxaram, os ganchos foram retirados. Depois fizeram uma massagem pra tirar o excesso de sangue e principalmente o ar que é sugado pra baixo da pele no processo de suspensão.

Durante todo esse tempo, a sensação de força e de energia continuou lá. Acho que é algo parecido com o que sente alguém que sofre um acidente, quebra uma perna, coisas que também já aconteceram comigo. O corpo está ali, reagindo, fazendo que você se sinta mais vivo, que você queira se agarrar ao prazer da vida acima de qualquer coisa.

Depois de tudo aquilo, de toda aquela experiência transcendental, os texanos do TSD resolveram sair pra comer, e, como não podia deixar de ser, acabamos numa churrascaria. Eu, claro, não estava com o humor muito propício para encarar uma carne no espeto, então acabei ficando na sopinha mesmo.

Após o jantar, de noite, quase não consegui dormir. O filme dos acontecimentos bizarros do dia ficava passando repetidamente na minha cabeça. Na manhã seguinte, acordei zoado, doente, com febre, o corpo completamente moído, os músculos inchados de ácido lático, todos doloridos, como se eu tivesse sido espancado.

Além disso, apareceram várias bolhas formadas pelo ar que penetra pelos furos durante a suspensão e que, por alguns dias, ficaram passeando pelo meu corpo, migrando das costas pra barriga e pras pernas.

Dois ou três dias depois, ainda machucado, com o corpo castigado mesmo, embarquei num voo para o Brasil. Como não podia deixar de ser, voltei mudado, dominado por uma sensação de autoconhecimento e de poder, sentindo uma incrível injeção de ânimo, vontade de trabalhar e uma certeza nítida de que os negócios seriam cada vez mais prósperos, de que a vida continuaria dando cada vez mais certo, e de que eu teria coragem e liberdade pra fazer as coisas que achava corretas.

Já no fim de semana seguinte, viajei novamente, pra Trancoso, porque tinha de tocar numa Daime Tribe que a gente estava organizando por lá. No pouco tempo livre que sobrava, sentei no computador e comecei a escrever o relato da minha experiência, a reportagem que sairia na revista *Trip* e que, mais uma vez, me jogaria embaixo dos holofotes do show business nacional.

MILIONÁRIO POR ACASO

O dinheiro não traz felicidade – para quem não sabe o que fazer com ele.

Machado de Assis (escritor brasileiro)

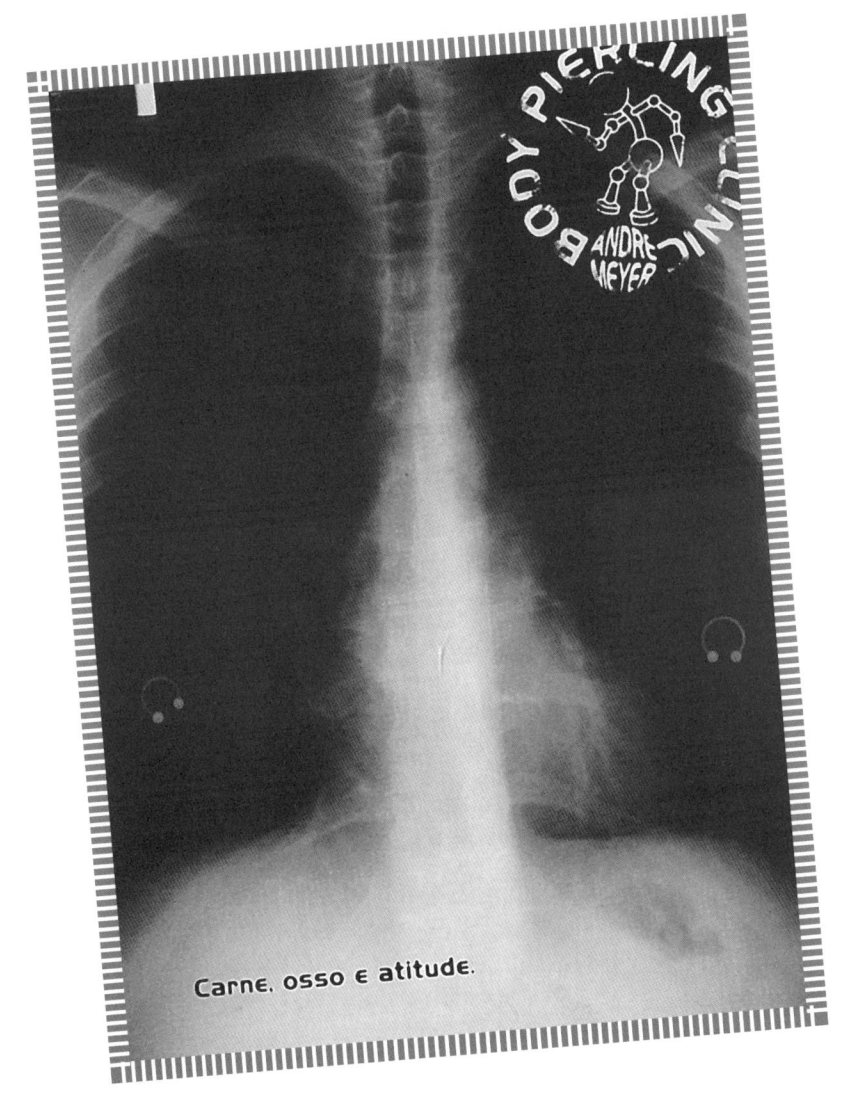

Com esta campanha, a Body Piercing Clinic foi premiada pela revista alemã *Lürzer's Archieve*.

LINDO DE DOER

O pessoal da *Trip* se empolgou bastante com o material e fez todo um esquema misterioso que ajudou ainda mais na divulgação. O título da matéria era "Por que isso", com um gancho fazendo as vezes de ponto de interrogação. Na capa havia a seguinte chamada: "Megapiercing: André, 20 minutos pendurado pela pele como carne no açougue".

As páginas onde apareciam as fotos da suspensão e do show em Oklahoma e o meu relato vinham com um lacre e na primeira delas, toda preta, constava apenas um aviso: "Advertência. As páginas a seguir contêm imagens fortes de perfuração humana, que poderão causar mal-estar e náuseas. Se você não se considera preparado para suportar a dor, evite romper o lacre.".

Após a advertência havia uma página dupla com o título e algumas fotos do show do TSD, seguidas por meu depoimento, com fartura de imagens chocantes. Depois vinha um texto curto, trazendo detalhes sobre a suspensão, com dados históricos e médicos. Em seguida, a revista, provavelmente no intuito de equilibrar um pouco as coisas, chamou um psicólogo que tratou de me enxovalhar de alto a baixo, durante uma página inteira.

Me chamou de ignorante e acusou as pessoas que fazem suspensão de serem "a ponta de lança de um novo fascismo", porque, segundo ele, o fascismo sempre fez "apologia do perigo". Por fim, falava que a suspensão era "a decadência da nossa cultura – o lixo e o bizarro vendidos como expressões estéticas". Desancava total, mas tudo bem, defendeu o ponto dele.

Depois, na última página, havia depoimentos de várias personalidades, jornalistas, músicos, diretores, artistas e até de um açougueiro:

"Que loucura. Nunca pensei que isso existia. Estou impressionado. E olha que eu sempre vejo abate de bois, carne e tudo. O abate é mais natural do que isso, a gente precisa comer, né!? Aqui no açougue a gente usa este mesmo tipo de gancho pra pendurar as peças de boi. Mas eu não suportaria ver esses caras ao vivo. Dá muita agonia. É a primeira vez que vejo um animal vivo pendurado. É muita crueldade e não consigo entender o porquê disso tudo.".

Foi uma porrada aquela matéria. Mais uma vez eu estava mostrando às pessoas algo que elas não conheciam, só que agora o lance era muito chocante. Não deu dois dias de revista na banca e já comecei a receber convites pra ir em tudo que era programa de televisão: Luciano Huck, Serginho Groisman, SBT Repórter, várias revistas e sites, todo mundo querendo um pedacinho do André.

O Jô, com o programa de madrugada, ficou pequeno, magrinho. Agora eu aparecia em rede nacional durante o horário nobre. Porque, de uma hora pra outra, o pessoal não estava interessado mais apenas na minha experiência, e sim em todo o mundo dos piercings e naquela história incrível de suspensão humana.

Foram produzidos vários especiais sobre o assunto e a repercussão foi realmente extraordinária. Tanto que, alguns meses depois, eu estava no Parque do Xingu, no fim do mundo, e veio um cara falar comigo, perguntar se eu era o André Meyer, que tinha feito a suspensão.

Não demorou muito pra que essa fama toda refletisse no trabalho. De um dia pro outro, eu e um assistente já não dávamos mais conta de atender a multidão de clientes que aparecia na Ouro Fino.

Tive de mudar pra um espaço maior, uma loja dupla, na galeria mesmo. Contratei oito funcionários ao todo, e a gente trabalhava em turnos, numa verdadeira linha de montagem de perfuração. Fazíamos umas quarenta aplicações por dia, e era fila o tempo todo. Além disso, eu já estava com contatos sedimentados nesse universo, então tinha uma ampla rede de fornecedores, que me permitiam vender uma boa variedade de joias.

Ao mesmo tempo a polêmica corria solta, e eu passei a receber críticas a rodo. Na loja, recebia ameaças pelo correio e cartas da Igreja Universal do Reino de Deus, dizendo que eu era um perigo para a juventude, um pervertido, que estava corrompendo os valores da sociedade e mostrando coisas que contrariavam os desígnios de Deus.

Aquilo, claro, não chegava a me afetar, porque em tudo o que eu havia vivido, nas minhas experiências de vida e de viagem, tinha visto e experimentado definições de Deus que estavam muito distantes daquela em que acreditavam os evangélicos.

Mas, polêmicas à parte, o dinheiro começou a entrar depressa. E não era como antes, um dinheirinho que dava pra pagar as contas e sobrava pra arcar com os custos da diversão e das viagens. Agora não. Agora era uma grana alta, gorda mesmo.

Antes da suspensão eu já estava ganhando bem, já conseguia garantir meu sustento com alguma folga. Mas a loja era pequena, tinha um limite físico que restringia o volume de perfurações. Depois da fama causada pela suspensão, minha renda aumentou pelo menos cinco vezes. Nesse primeiro ano eu tive um faturamento bruto aproximado de mais de um milhão de reais, o que dava um lucro de algo como R$ 500 mil. Isso há dez anos, quando o dinheiro valia muito mais.

Lembro de como era divertido quando eu falava isso pra minha família. O queixo deles caía, eles olhavam pra mim, sem palavras, meio que se perguntando o que tinha acontecido, como eu podia ter chegado a ganhar aquela fortuna. Como resposta, eu podia dizer, sem qualquer pudor, que não havia sido fácil chegar até ali. Eu tinha, literalmente, dado o sangue pela profissão.

Foi louco, impressionante, o poder da grana. Esse não era, nem nunca tinha sido meu propósito na vida, mas, de repente, me tornei um jovem novo-rico. Rico, completamente louco e incrivelmente gastão.

Comprei uma Harley maior, um carro do ano e um apartamento. Passei a viajar como nunca. Ia visitar meus amigos em Londres como quem vai pra casa de campo no fim de semana. Sentia vontade de comprar alguma coisa que não encontrava por aqui, ia pra Nova York na manhã seguinte. Via um anúncio das montanhas-russas de Los Angeles e dois dias depois estava lá, curtindo adoidado. Não tinha uma vida de rei, cheia de luxos, mas não precisava me privar de nada. Conseguia tudo o que queria.

Continuava fazendo festas e passando longas temporadas na Bahia, principalmente em Trancoso, que já se sedimentara como o paraíso nacional das raves. Paralelamente, em meio a esse turbilhão de emoções, meu relacionamento com a Veruska foi lentamente esfriando.

Não sei exatamente por quê, mas a gente havia se afastado um pouco naquele período, ela queria se mudar definitivamente para Trancoso, virar hippie. Eu estava indo de vento em popa com meus negócios, curtindo a sensação de ser protagonista no centro do universo.

A perspectiva de viver numa cabana à beira-mar já não me era tão tentadora quanto havia sido. No fim, a gente acabou se separando mesmo, e eu voltei feliz pra vida de solteiro, pras festas e pra São Paulo. Ela não voltou. Ficou alguns anos morando em Trancoso, totalmente mergulhada no colorido mundo das raves.

Apesar de estar na Babilônia paulistana, eu também continuava aproveitando tudo o que o universo raver podia me oferecer. E nesse mundo a fama também ajudava bastante, porque todo mundo queria contratar o DJ excêntrico, que se pendurava por ganchos cravados nas costas.

Foram dias de pop star, quinze intensos minutos de fama. A Rede Globo me contratou pra participar de uma novela, fazer o papel de um DJ que se apresentava num ferro-velho apocalíptico para centenas de jovens coloridos e frenéticos. Por alguns instantes, o mundo *freak* chegava ao *mainstream*.

 Depois, lembro de uma ocasião em que um fazendeiro do Mato Grosso mandou um jatinho vir me buscar em São Paulo, pra eu tocar na festa dele. E fui lá, tomando cerveja e fumando uns baseados no avião, junto com o Mau Mau, o Pil Marques e o Jorge Active. Chocante. Alguns anos antes eu estava mendigando na Índia, e agora viajava de Learjet feito um astro de rock.

É, caro leitor, você até pode não acreditar, mas isso existe. Enquanto você está aí lendo este psicodélico conto de fadas, há um monte de gente voando de jatinho pelo mundo afora, fumando baseados sem se importar em derrubar as cinzas no couro das amplas e confortáveis poltronas bege-claro.

Mas é importante dizer que, assim como foi divertido, também teve seu preço. Ganhei de um lado e perdi de outro. Perdi um relacionamento incrível, construído em um longo tempo de convivência, em troca de um punhado de loucuras. No fim das contas, fama e dinheiro são coisas passageiras. Assim com vêm, vão embora. É assim, como diz uma tatuagem na minha nuca, feita durante um período de insanidade entorpecente: "vida louca".

BYE-BYE RAVES

A renúncia é a libertação. Não querer é poder.
Fernando Pessoa (poeta português)

Foto de Chris Wroblewski.

LINDO DE DOER

Loucura, insanidade, doideira, doidice, birutice, maluquice, piração e despirocação. O mundo das raves me parecia cada vez mais assim. Crescia descontrolado, a gente não se reconhecia mais, o povo que produzia estava interessado na grana, no business, e o povo que frequentava queria droga. A magia se perdeu, o sonho foi terminando num sono agitado e agonizante.

Não sei, talvez fosse apenas minha visão, de quem já começava a se cansar de tanta porra-louquice, mas aos poucos foi ficando mesmo demais pra mim. Lembro de uma vez em que estava tocando numa festa e pedi um gole d'água pra um cara que estava ao meu lado. Ele me ofereceu a garrafinha, eu bebi, e continuei lá, na minha, tocando minhas musiquinhas.

Dali a pouco as coisas começaram a ficar levemente diferentes, as cores mais coloridas, a decoração se mexendo de leve e eu fui percebendo que aqueles sintomas eram bem conhecidos. O filho da puta tinha me dado água com LSD!

Nessa época eu vinha me afastando dessas drogas mais pesadas, não estava realmente a fim, então foi bem desagradável. Bem diferente daquele clima que tinha no começo, ou em Goa, em que o pessoal até vinha, colocava um ácido ou um ecstasy na sua boca, mas com o seu consentimento, não daquele jeito, sem avisar antes. Afinal, como é que você controla uma viagem que não escolheu ter?

Claro que eu já havia acumulado bastante experiência no assunto, então tudo bem, vamos nessa, esperar gastar e tentar aproveitar, mas foi uma coisa que fez que eu começasse a me perguntar se estava realmente no lugar certo, se queria aquele tipo de gente perto de mim.

Acho que, de alguma forma, a experiência da suspensão tinha quebrado uma parte do fascínio com as drogas, pelo menos por um período. O lance com as substâncias entorpecentes, para mim, tinha muito a ver, por um lado, com a busca por autoconhecimento, e, por outro, com a necessidade de vivenciar extremos, experimentar os próprios limites.

Creio que a suspensão supriu essas necessidades. Eu sabia que podia ter acesso a outros aspectos da realidade de forma natural, e aquilo foi tão intenso que talvez tenha satisfeito minha necessidade de entorpecimento por um bom tempo, me colocado no eixo mesmo. Curiosamente, o ato de me suspender fincou os meus pés bem firmemente no chão.

Algum tempo depois daquela história com o LSD, veio a gota-d'água, que me afastaria definitivamente do mundo das raves. A gente estava organizando um festival chamado Earth dance, que acontecia em vários lugares do mundo ao mesmo tempo, e que tinha uma ideia de recuperar valores budistas, de paz e espiritualidade.

Eu tinha começado com a história, mas depois entraram vários outros empresários, querendo capitalizar a festa. Tranquilo, sem problemas, *no stress*. Fui lá, levei meu sistema de som e vários tecidos chocantes que tinha trazido de Bali, da Tailândia e da Indonésia, e toquei e me diverti como sempre.

A surpresa desagradável só veio no fim da festa, quando fui pegar minha caminhonete pra ir embora. Meu carro, que estava estacionado dentro do terreno da rave, tinha sido arrombado. Roubaram meu som e vários tecidos que não tinham preço, porque vinham do outro lado do mundo. Olhando aquilo eu percebi que a festa se transformara no oposto do que a gente havia tentado fazer, era o avesso dos nossos sonhos.

Depois disso cheguei à conclusão de que a coisa estava se deturpando rápido demais. Além disso, já estava superocupado com meu trabalho como piercer, então achei que era hora de me despedir daquele mundo de uma vez por todas.

XINGU: UM PIERCING NO CORAÇÃO

Somente quando for cortada a última árvore, pescado o último peixe, poluído o último rio, as pessoas vão perceber que não podem comer dinheiro.

(provérbio indígena)

Xingu: preparação antes da furação.

LINDO DE DOER

Então, num dia como outro qualquer, recebi o telefonema de Chris Wroblewski, um afamado fotógrafo inglês, autor dos livros *Skin show* e *Tattoo bible*, sobre tatuagens e modificações corporais. Ele queria vir para o Brasil, fazer um trabalho sobre os índios brasileiros, e pediu minha ajuda.

Achei a ideia ótima, na hora topei a parceria e sugeri que fôssemos para o Parque do Xingu, no Mato Grosso. Ele aceitou minha sugestão, deu o aval para que eu iniciasse o processo e foi o que fiz. Comecei a buscar toda a documentação necessária para entrarmos no parque. Queríamos, sobretudo, participar da festa do Quarup, uma tradicional celebração para os mortos.

A Funai (Fundação Nacional do Índio) exigiu uma série de documentos. Enviamos tudo e, depois de uma longa espera, cerca de oito meses, eles finalmente autorizaram nossa visita. Para isso, o órgão do Governo Federal estipulou uma data, um preço e uma infinita quantidade de itens que teríamos de levar conosco. De nossa parte, cumprimos à risca todas as exigências, num trabalho britanicamente meticuloso e organizado.

Então, quando faltavam três dias para embarcarmos no avião da Força Aérea que nos levaria até o parque, o Chris já em São Paulo, a Funai nos procurou e disse que os valores que teríamos de pagar estavam sendo revistos e, pior ainda, que nossa autorização estava temporária e indefinidamente suspensa. O Chris, dentro de seu rigor moral britânico, achou aquilo um absurdo (o que, diga-se de passagem, realmente era) e suspendeu o projeto. Chutou o balde e mudou o foco radicalmente.

Ao invés dos índios, resolveu fazer um documentário urbano, com registros de pessoas que criassem um painel da arte corporal na América do Sul. Eu continuei achando a viagem divertida e segui ajudando na produção. A gente foi atrás de expoentes desse universo, tatuadores renomados e personalidades curiosas. Ele fotografava e depois, sem usar programas de computador, Photoshop nem nada, modificava artisticamente essas fotos.

O resultado foi um livro fantástico: *Cosmic zoo*. Com tiragem limitadíssima, capa dura em metal e impressão de alta qualidade, a obra foi um sucesso, esgotou-se rapidamente e se tornou uma raridade. O Chris voltou para suas viagens pelo mundo, e eu segui minha vida.

Mas nunca me livrei dos mantimentos que havíamos comprado, nem da ideia de conhecer o Parque do Xingu. Então, um ou dois anos depois de terminar o projeto com o Chris, fui a uma loja indígena de São Paulo, onde sempre buscava inspiração e comprava materiais para minhas joias. Lá estava eu, conversando com Valter, o dono do estabelecimento, quando, por uma dessas incríveis providências do destino, me apareceu Jauá, o cacique de uma aldeia que ficava dentro do Parque do Xingu.

O Valter me apresentou, nós começamos a conversar, falei do meu interesse em conhecer o parque e mencionei que ainda tinha um enorme carregamento de suprimentos para doar aos índios (redes, anzóis, munições, pentes, espelhos, sabonetes etc.). Expliquei que minha intenção era pesquisar as modificações corporais, que eu ia sozinho e que não pretendia publicar nada nem explorar a viagem comercialmente.

Foi muito instigante esse primeiro contato, mas Jauá não me prometeu nada, a princípio. Alguns meses se passaram e, um belo dia, o cacique me ligou. Disse que estava em São Paulo e que precisava de um lugar para se hospedar. Logo percebendo o autoconvite velado, prontamente abri as portas de casa ao novo amigo.

Jauá passou alguns dias em casa, nós nos conhecemos melhor, e ele viu que minha ideia de visitar o Xingu estava, realmente, recheada de boas intenções. Então, antes de ir embora, me convidou a passar algum tempo na aldeia dele.

Disse que me esperaria na cidade de Canarana, no interior do Mato Grosso. Marcou o dia, a hora e disse que estaria com um caminhão em um local determinado, que eu, logicamente, não fazia a menor ideia de onde era. Mas o importante é que minha entrada no parque estava garantida, já que eu estaria em companhia de uma liderança.

Na data combinada, munido de todos os mantimentos, peguei um ônibus em São Paulo e desci na tal cidade de Canarana, perdida no meio do nada. Cheguei de manhã bem cedo, desembarquei a bagagem toda e, depois de perambular um pouco pela cidade, encontrei o Jauá, com seu caminhão todo capenga, cercado por uma porção de índios. Imediatamente jogamos tudo na carroceria, me aboletei na cabine, e seguimos viagem por uma sucessão infinita de fazendas que queimavam sem parar, tornando o ar áspero e espesso de fumaça.

Depois de algumas horas de viagem, chegamos à beira de um rio, onde uma voadeira esperava por nós. Quando desci, lembro que reparei que o casco da embarcação era pintando com a marca de um desses repelentes de inseto famosos.

– Poxa, que demais – eu disse, do alto da minha ingenuidade – a empresa de repelentes deu esse barco pra vocês?

– Não, esse barco aqui a gente tomou – o Jauá me explicou, na maior naturalidade, argumentando que os funcionários da empresa tinham entrado na terra deles sem autorização, o que motivara o confisco do barco, na marra.

Só aí eu me dei conta de onde me encontrava, e comecei a perceber como as coisas realmente funcionavam por ali. Ainda bem que estava com o cacique e cheio de presentes pra eles, pensei comigo mesmo antes de embarcar na voadeira. O barco estava cheio de índios, índias, crianças, umas nove pessoas, os mantimentos, e uma porção de galões de combustível: uma bomba navegante, em suma.

LINDO DE DOER

Mas, enfim, por volta das nove horas da manhã, começamos a subir o rio, que logo foi ficando sinuoso, cheio de curvas. Em pouco tempo já não havia mais sinal de civilização nas margens, apenas mata. Depois de umas duas horas de viagem, chegamos aos limites do parque. Lembro claramente da figura de um índio que montava guarda na divisa entre os territórios. Era um sujeito enorme, forte, que segurava uma carabina cartucheira nas mãos. Na testa do vigia estava tatuado o nome "de branco" dele: Ronaldo. Só que, ao que tudo indicava, a tatuagem havia sido feita por ele mesmo, diante do espelho, porque as letras estavam todas invertidas, por conta da distorção do reflexo. Totalmente surreal.

Nós tivemos de parar ali para passar um rádio para a Funai, informando que eu estava entrando com autorização do cacique Jauá. Paramos apenas alguns minutos e seguimos adiante mais uma hora, duas horas, três horas...

Conforme avançávamos, eles iam contando histórias de barcos que tinham sido afundados, de gente que tinha desaparecido... Aos poucos, aquilo foi me parecendo o roteiro de um filme de terror ou coisa assim. Eu estava completamente na mão daqueles caras, estava meio que me autossequestrando, completamente sozinho e vulnerável. Então, depois de um bocado de tempo, eu, na minha posição de branco preocupado, resolvi perguntar quanto faltava para chegarmos.

– Ah, tá perto, tá chegando – me respondiam, e o barquinho ia, rio Kuluene acima. A manhã passou, a tarde veio e nada de pararem aquele maldito barco. Depois a tarde passou, o fim da tarde, anoiteceu e seguimos adiante, sem parar, por aquele rio cheio de curvas traiçoeiras. Fomos assim, sem parar, por umas quinze horas.

Passava da meia-noite quando, finalmente, chegamos à aldeia do Jauá: Yualapiti.

Ajudei o pessoal a tirar os mantimentos do barco e, completamente exausto da viagem, sem conseguir ver muita coisa porque, afinal, estava de noite, desabei na primeira rede que me apareceu e apaguei.

No dia seguinte, antes de o sol nascer, os caras me chacoalharam, me acordaram, me botaram de novo dentro do barco e disseram que a gente ia pra uma outra aldeia, Kalapalo. Sonado e desorientado, levantei, pendurei minha câmera fotográfica e segui meus anfitriões.

Na hora nem pensei nos mantimentos que eu trouxera para meu consumo próprio. Além dos presentes para os índios, eu tinha levado alguns pacotes de bolacha, macarrão e chocolates para emergência, isso sem contar um estoque razoável de maços de cigarro e de filmes pra minha câmera. Quando deixei a aldeia, achei que ia voltar em algumas horas, por isso não me preocupei em pegar nada daquilo antes de embarcar novamente na voadeira.

Só que a viagem que eu imaginava curta, durou algo como cinco ou seis horas. E eu fui, ainda meio sem entender, acompanhando o fluxo dos acontecimentos. Cheguei a outra aldeia, Kuikuro, e ninguém me explicou nada, nem me ofereceu comida ou água.

Só aos poucos, e depois de algum tempo, fui percebendo a dinâmica das coisas. Fui percebendo que, na verdade, não havia previsão para voltarmos à primeira aldeia onde meus mantimentos, àquela altura, certamente eram devorados sem cerimônias pelos amigos e familiares de meu anfitrião.

Sem opção, entrei no ritmo deles. A comida estava o tempo todo ali, na lenha, e quem tivesse com fome ia lá, tirava um naco e comia. Se estava com sede, ia ao rio ou a um vaso de cerâmica onde eles guardavam água, e bebia.

A água, aliás, foi o que mais me deixou com o pé atrás porque era muito suja e barrenta, e fiquei com bastante medo de pegar uma infecção alimentar ou coisa assim. Afinal eu não era índio, e se tivesse algum troço ali no meio do nada, sozinho, não seria nem um pouco divertido.

Eu levara algumas cápsulas para esterilizar a água mas elas, claro, haviam ficado na primeira aldeia, com todo o restante. Então, nos primeiros dias, não bebi quase nada. Dava apenas uns golinhos minúsculos, pensando que assim meu corpo poderia se acostumar a qualquer coisa nociva que houvesse ali. Só depois de dois dias é que fui beber com gosto mesmo. A técnica aparentemente funcionou, porque passei muito bem aqueles dias.

Aliás, acho que nunca passei tão bem na minha vida. Estava sem meu cigarro, a comida não tinha sal, não tinha açúcar, não tinha nada, mas eu estava sempre alimentado. Ia lá e comia, ou então ia pescar com os caras, pegar uns peixes-cachorro. Ajudava a limpar, jogava na brasa e depois comia. Tudo tinha o mesmo gosto, gosto de terra.

Mas aquele universo era tão fascinante que essas dificuldades e desconfortos se tornavam meros detalhes. Em algum tempo eu já estava andando pelado, eles já vieram me pintar e eu fui praticamente adotado na aldeia.

Demais, aquilo, incrível mesmo. Aqueles caras eram fantásticos, um povo completamente autossuficiente, que não precisava de nada. Um dia a gente estava indo de uma aldeia pra outra num barco um pouco maior, com um monte de gente dentro, uma boa parte composta por crianças. Eis que no fim da tarde, de repente o motor morreu. *Puf*, do nada, no meio do rio.

Enquanto eu olhava em volta me preparando pra virar comida de onça, meus companheiros seguiram calmos e serenos. Em questão de instantes, todo mundo desceu, me colocaram num canto, acho que pra eu não atrapalhar, e em pouco tempo os caras se dividiram e partiram pro trabalho.

Num piscar de olhos já tinham um abrigo feito, com as redes montadas. Um pessoal acendeu o fogo, outro fisgou um peixe ali mesmo, e as mulheres começaram a cozinhar. De repente, de uma hora pra outra, uma aldeia instantânea estava pronta, onde antes só havia mato. Tudo isso embaixo de um puta céu fantástico, hotel cinco milhões de estrelas. Incrível.

Ficamos uns dois dias ali, comendo vários banquetes de carne de caça assada, até que outro barquinho menor passou descendo o rio, viu a gente, e chamou o resgate.

Isso tudo aconteceu na volta do Quarup, na aldeia Mehinaku, que foi uma festa incrível também. Para minha sorte, naquele ano, o ritual era celebrado em homenagem a ninguém menos do que o sertanista Orlando Villas-Boas, um dos idealizadores e fundadores do Parque do Xingu. Era o aniversário de um ano da morte dele, por isso a festa foi fantástica, caprichadíssima.

Veio uma porção de gente de fora, de helicóptero e avião, e eu lá, olhava pra eles quase como um índio, porque em questão de dois ou três dias, já tinha até esquecido como era ser branco.

A celebração do Quarup é uma festa lindíssima, que acontece ao redor do tronco de uma árvore que representa o espírito de quem morreu. O totem é todo pintando e decorado para a celebração de cânticos e danças que acontecem em roda, ao redor dele. Paralelamente a esse ritual, ocorre um torneio da luta típica desses povos, uma espécie de sumô indígena, o huka-huka. Os lutadores têm uma vitalidade impressionante e são incrivelmente altos e fortes, verdadeiros guerreiros da nossa terra.

Além do Quarup, pude presenciar também o ritual de passagem dos adolescentes para a vida adulta, em que os jovens homens têm as orelhas perfuradas. O espeto, com uns 4 milímetros de espessura, de madeira, é afiado nas duas extremidades com uma folha que tem a superfície áspera feito uma lixa.

A perfuração é sempre executada pelo pai ou pelo cacique da aldeia. Primeiro é transpassado o lóbulo de uma orelha, e o palito é quebrado, deixando uma parte no local. Depois, a outra metade é usada para a perfuração da outra orelha. Em seguida, o menino coloca a parte central que sobrou na boca, o pajé se aproxima, solta fumaça sobre as feridas para acelerar a cura, e todo mundo sai dançando junto.

Além dessa espécie de ancestral dos piercings, presenciei também outro ritual, de escarificação, e até arrisquei a fazer um pouco. Consiste basicamente em raspar várias partes do corpo com um instrumento feito com dentes de peixe-cachorro. Eles esfregam pra valer, até sair sangue. Acreditam na técnica como uma forma de curar doenças, de aumentar a resistência e a energia e até de espantar a preguiça.

Experiência incrível. Me deram liberdade e autonomia total. Aprendi muito sobre educação infantil, vendo criancinhas que tinham acabado de começar a andar indo pro mato sozinhas, com o facão na mão, sem qualquer problema e sem essa superproteção a que estamos acostumados. A forma como eles conversam com as crianças, agachados na mesma altura, falando de igual pra igual, me ajudaria muito depois, fazendo que eu lidasse com minha própria filha dessa mesma maneira.

Além disso, ficou claro para mim que o ser humano, na verdade, não precisa de muito para ser feliz. As duas semanas que passei com os índios, vivendo a vida mais simples possível, mais despojada de luxos e confortos, consistem num dos momentos em que me senti mais feliz, mais protegido, e uma das fases da minha vida que mais me marcaram.

Antes de eu ir embora trocamos vários presentes. Dei tudo o que tinha, fiquei só com a roupa do corpo. Em troca ganhei coisas incríveis, como um colar feito com unhas de onça.

Depois, em um dos pontos mais altos da minha carreira, fui convidado a perfurar dois adolescentes, que já tinham feito o ritual de passagem. Eu tinha levado algumas joias e agulhas e, diante de toda a aldeia, perfurei a orelha dos garotos. No fim, pra completar a maravilha da história, um desses índios tinha acabado de ganhar um irmãozinho, que foi batizado com o meu nome. André Meyer.

Experiência incrível!

Quando saí de lá fiquei chorando por dois ou três dias, de emoção, alegria e contentamento por ter vivido algo tão forte e intenso. Tinha ido todo preparado pra uma coisa, todo precavido com minhas tecnologias pra me proteger dentro da selva, e o destino me desarmou, talvez para que eu vivesse aquela experiência com toda a intensidade de que ela necessitava.

No fim, ainda houve uma última prova de fogo. Depois de muitas despedidas e presentes, o barqueiro me deixou, com Jauá, no local onde o caminhão deveria nos buscar. Mas o motorista errou a data e só apareceu inacreditáveis dois dias depois. A gente passou 48 horas embaixo de um cajueiro, sobrevivendo apenas da sombra e das frutas que a árvore se dispunha a nos oferecer, e de um ou outro peixe que o Jauá pescava pra gente.

Voltei pra São Paulo feliz, realizado, e com uma amizade genuína firmada com aqueles homens da floresta. Ainda hoje, de vez em quando um deles se hospeda em casa. Às vezes, vem primeiro um, dá uma conferida, pergunta se tudo bem ficar um tempo dormindo na sala, e quando respondo que sim, claro, que são sempre bem-vindos, ele pede pra esperar um pouquinho e volta logo depois com sete ou oito índios, a família inteira. Umas figuras fantásticas. Pena que nós, urbanos, temos tão pouco contato com essa realidade.

Eu demoraria uns bons meses pra assimilar tudo que aprendera no Xingu. Mas antes mesmo que as experiências se sedimentassem na lembrança, surgiu a oportunidade de outra experiência impensavelmente fantástica.

LINDO DE DOER

No fim de 1999, quando todos falavam em fim dos tempos, o Arthur Veríssimo me procurou com outra proposta desafiadora e inusitada. Estava com a ideia de voltar pra Índia pra documentar o Kumbh Mela, o maior festival religioso do planeta. Queria que eu fosse com ele.

SETENTA MILHÕES
DE ALMAS

Que cada um desempenhe a sua parte em tudo que encontre para fazer, porém sem escravizar a alma.

Bhagavad Gita

Equipe que documentou o Maha Kumbh Mela: eu, Arthur Veríssimo, Vasisth Giri (guia espiritual) e Rui Mendes.

LINDO DE DOER

Setenta milhões de almas passaram por Allahabad e região durante os quarenta dias do Kumbh Mela. Formaram um gigantesco e caótico acampamento, às margens do rio Ganges, num incrível festival que acontece a cada três anos em quatro cidades diferentes, mas que, naquela edição do ano 2001, ocorria numa conjunção astral particularmente poderosa para os hindus. A última vez que a festividade transcorreu na mesma situação havia sido há 170 anos.

Pode-se dizer que o Kumbh Mela é um grande carnaval espiritual em que as pessoas vão reforçar a fé diante de seus gurus e de líderes famosos, como o Dalai Lama e o Sai Baba. Além disso, nessa edição específica compareceram cerca de 130 mil *sadhus* das mais diversas castas e etnias. No meio deles há toda a sorte de faquires, homens que caminham descalços sobre pregos, outros que meditam numa cadeira de balanço com fogo sob o assento, iogues que se enterram vivos e toda a sorte de exotismos.

Os participantes vinham de toda a Índia de carro, de moto, a cavalo, de camelo, a pé, arrastados, de *tuk tuk*, enfim, todos os meios de transporte possíveis e imagináveis. O acampamento era dividido em espécies de bairros, os Akharas, formados por seguidores que se reuniam em torno de seus gurus, fiéis que acampavam como podiam, em meio ao caos dessa cidade improvisada que logo se tornava incrivelmente imunda e repleta das mais diversas doenças e enfermidades.

Nos primeiros dias, ficamos num hotel numa das cidades, mas, conforme foi chegando perto a data em que ocorreria a conjunção astral específica, o transporte para dentro do festival tornava-se virtualmente impraticável, o que fez que nós também resolvêssemos acampar no interior daquela selva humana.

Na véspera do grande dia, havia cerca de 25 milhões de pessoas acampadas, e nós nem pensamos em voltar para a cidade. Dormimos na tenda de um *sadhu*, que passou algumas boas horas nos ensinando práticas diversas de ioga. Aliás, foi aí, nesse momento, que comecei a praticar as vertentes mais físicas da ioga, porque antes, apesar de ter estudado bastante, ficava mais nas áreas da meditação e das técnicas de respiração. Foi algo incrível sentir, pela primeira vez e ainda de forma muito amadora, a energia física dos exercícios, dos ásanas da ioga, em meio a um fluxo tão gigantesco de outras energias.

Na manhã seguinte, quando surgiram os primeiros raios de sol, os 130 mil *sadhus* deixaram suas barracas e tendas. Completamente nus, adornados com piercings e joias diversas, envergando dreadlocks intermináveis e armados com tridentes de metal, eles se encaminharam para o rio, para o primeiro banho nas águas purificadoras do Ganges.

Foi uma cena fantástica, mágica, épica e assustadora. Um evento tão impressionante e poderoso que, nessa hora, era proibido filmar de perto, e havia umas cordas formando baias que só podiam ser ultrapassadas pelos *sadhus*.

A gente sabia mais ou menos por onde eles passariam, então nos posicionamos com a câmera pra pegar a melhor tomada do caminho dos homens santos para o rio. Ficamos lá por algum tempo nos acotovelando com BBC, CNN, National Geografic até que, de repente, aquele exército sagrado avançou, todo paramentado e investido do poder astral que vinha se concentrando há uma centena de anos.

Eles vieram e não quiseram nem saber de pedir licença, de esperar que os fotógrafos e cinegrafistas fizessem seu trabalho. Que nada. Vieram com tudo, com seus tridentes desferindo bordoadas a torto e a direito. Eu tomei uma pancada no ombro e já pulei pra dentro da corda rapidinho, o Arthur também tinha sumido do mapa, mas o nosso cinegrafista, Ruy Mendes, ficou lá, embasbacado com as imagens.

Resultado: tomou uma porrada que lhe abriu um talho gigantesco na cabeça e destroçou a câmera, inutilizando parte do material.

Então, por aí a gente vê como é relativa essa história de que os indianos são todos bonzinhos, de que os *sadhus* são santos e mensageiros da paz. Ali eram todos guerreiros, peregrinos que carregavam nos ombros a responsabilidade de manter viva e força da cultura hindu.

Apesar das pancadas e dos percalços, foi demais aquilo. Uma experiência muito forte mesmo, o Kumbh Mela. Houve um dia, por exemplo, em que eu estava no meio do acampamento e numa barraca havia uma mulher dando à luz, enquanto, na outra, ao lado, um homem acabava de morrer.

Então, diante do Kumbh Mela e do Xingu, desses mundos onde a vida ocorre de maneira tão simples e intensa, aquele outro universo de interesses, de grana, de egos e de ganância, que havia ficado no Brasil com as raves, tornava-se ainda mais ridículo e sem sentido. Cada vez mais ficava claro pra mim que o que realmente importava era viver uma vida boa, aceitar as mudanças com desapego e seguir adiante com serenidade e bom humor.

GANGES - NEVADA

*Liberdade é uma palavra que o sonho humano alimenta,
não há ninguém que explique e ninguém que não entenda.*

Cecília Meireles (poeta brasileira)

Burning Man.

LINDO DE DOER

Após o Kumbh Mela, passei alguns meses em São Paulo, trabalhando sobretudo com piercings, sem grandes emoções. Mas, no fatídico mês de setembro daquele mesmo ano de 2001, participei de outro festival que, apesar de ter propósitos bem diferentes da celebração indiana, acabou por produzir efeitos semelhantes na minha alma latinamente misturada.

O evento em questão chama-se Burning Man, ou Homem que Queima, em tradução livre. É um dos maiores festivais de contracultura do planeta e reúne cerca de 50 mil pessoas no deserto de Black Rock, Nevada, Estados Unidos. Em geral, durante a festa, há cerca de 2.500 palcos espalhados pelas areias, onde são realizados shows, performances e apresentações das mais diversas.

Durante uma semana, aquela região inóspita, desértica e desabitada se transforma numa cidade fervilhante, com bairros improvisados e dispostos de acordo com certa ordem preestabelecida pela organização, onde viajantes do mundo inteiro estacionam seus trailers, vans ou carros alugados.

Apesar de ocorrer no centro planetário do capitalismo, a algumas milhas de Las Vegas, o dinheiro praticamente não tem valor no Burning Man. Há apenas duas coisas que se pode comprar no evento: gelo e café. Gelo, porque é algo extremamente útil no deserto, serve para aliviar o calor escaldante, para conservar alimentos e para hidratar o corpo ressecado e empoeirado. Já o café, creio que tenha uma função aglutinadora.

Os eventos, os palcos, os locais de estacionamento e acampamento são muito distantes um do outro e a cafeteria é o local onde todos acabam se encontrando e onde há mais informações sobre os acontecimentos de cada dia, achados e perdidos etc.

Demais, aquilo!

Fui com a Nena e o Diogo, dois produtores pioneiros das raves de Trancoso. Pra se ter uma ideia de como aquela experiência foi intensa, eles saíram do festival e pouco tempo depois montaram o Boom Festival, em Portugal, festa que logo se transformaria no evento trance mais importante do mundo.

Nossos preparativos para a megabalada começaram alguns dias antes, quando alugamos uma van em Reno, enchemos com mantimentos, água, bicicletas, barracas e fomos pro local do evento. Eu tinha levado uma barraca, que já no segundo dia foi destruída por uma tempestade de areia, mas não havia problema, porque esse era o espírito da coisa, *roots,* improvisado, surreal.

Os confortos da vida cotidiana haviam ficado para trás e isso era parte da experiência, parte do desapego e do desprendimento que conferiam uma atmosfera espiritualizada àquela experiência no meio do deserto. Não havia cama, não havia restaurantes e não havia banheiros convencionais, apenas químicos.

Durante toda aquela semana tomei apenas um banho, num dia em que passou um caminhão pipa jogando água, seguido por um bando de malucos tirando a roupa, viajando e se esbaldando nos jatos de água gelada, e eu, claro, no meio deles, tomar uma fresca, energizar o corpo forrado de areia.

Chocante!

Isso é que é legal no Burning Man. Você entra num outro universo, que te faz enxergar quais são as reais necessidades do ser humano. Mais uma vez, assim como no Xingu e no Kumbh Mela, eu estava diante de uma realidade que me fazia ver quão pouco é necessário para sobreviver, e como a vida pode ser realmente simples e feliz. O homem não precisa mais do que um pouco de comida, descanso, e, eventualmente, alguns litros d'água pra um banho rápido. O resto passa.

E diversão, claro, diversão tem de fazer parte. E lá, diferentemente das outras experiências extremas recentes, era esse o objetivo maior. Diversão. A gente passava o dia em busca de atrações, de bicicleta pelo deserto em viagens de LSD à la Albert Hofmann, atrás das coisas fantásticas que aconteciam por todo lado. Bandas de rock, grupos de percussão, tendas de música eletrônica, aí você está lá pedalando, sem destino, de repente chega a um domo gigantesco, onde gladiadores pós-modernos se enfrentam numa arena pós-industrial.

Havia uma dupla de cada lado. Um sujeito ficava armado com uma espécie de cotonete gigante e preso a um elástico que amarrava sua cintura ao teto da estrutura. O outro membro da dupla ficava no chão, e tinha de puxar o parceiro pra esticar o elástico, depois soltá-lo na direção do oponente, e os dois ficavam lá, voando e se batendo no ar, dando umas porradas com os cotonetes gigantes, enquanto, no chão, rolava um show ao vivo com uma banda de hardcore. E, do lado de fora, uma galera assistindo, torcendo, gritando, tirando um sarro. Incrível, completamente *Mad Max*.

No festival, conforme os dias passavam, era possível perceber que essa cidade ia crescendo, tornando-se cada vez mais fervilhante. Além dos shows e da música, havia instalações de arte incríveis, lindíssimas, feitas para existir apenas no decorrer daquela zona autônoma temporária.

O tráfego de automóveis era proibido ali, mas havia exceções para os veículos customizados, preparados, espécies de carros alegóricos, baratas e larvas ambulantes de fibra de vidro, ônibus-dragões articulados, soltando fogo pelas ventas, barcos-piratas e outras coisas inacreditavelmente psicodélicas.

Assim, com surpresas pipocando a cada instante, os sete dias de festa passaram rápido, até o ápice total, que ocorreu na última noite, transformada numa espécie de ano novo pagão.

LINDO DE DOER

Havia uma lua cheia incrível naquela noite, e, na hora da apoteose, os milhares de participantes se reuniram em torno do boneco de madeira com mais de 10 metros de altura, símbolo do evento.

Por todo lado ocorriam manifestações culturais: músicos, cantores, performances, malabaristas e cuspidores de fogo. No ápice daquela imensa festa tribal, houve uma incrível queima de fogos, com a eficiência característica dos espetáculos americanos. Então, o momento da atração mais aguardada da festa finalmente teve início: o boneco gigantesco começou a queimar numa imensa fogueira totêmica, que liberava enormes redemoinhos de fumaça pelo deserto.

Depois, no dia seguinte, aquela cidade hedonista foi rapidamente destruída, as pessoas guardavam tudo nos trailers e voltavam para a estrada, para o cotidiano de sua vida. Para trás não ficava nada além do solo ressecado do deserto de Black Rock.

Assim como uma boa parte dos participantes do evento, saímos dali direto para um rio que havia nas proximidades e passamos algumas horas nadando, refrescando o corpo impregnado de energia, preparando os músculos e as sinapses para a volta à realidade da maioria dos mortais.

É um grande barato aquilo, um espaço de liberdade total, onde nada é proibido e onde o que mais importa é viver da forma mais intensa possível, algo que eu só tinha experimentado em uma única outra ocasião: o Kumbh Mela. Havia vários pontos em comum entre os dois festivais. A forma semicaótica de organização, a subdivisão aleatória em bairros, a diversidade cultural entre os participantes, e, sobretudo, a liberdade, sempre a liberdade.

PERTO DO FIM DO MUNDO

O horror visível tem menos poder sobre a alma do que o horror imaginado.

William Shakespeare (dramaturgo inglês)

Freak show – Coney Island Circus Side Show.

LINDO DE DOER

Depois daquela semana incrível e completamente surreal, resolvi ir, com alguns amigos, pra Coney Island, na Costa Leste dos Estados Unidos, participar de uma série de eventos do mundo underground que aconteceriam por lá. Antes de embarcar, vendi minha bicicleta pra um *chicano* que tomava conta dos carrinhos de bagagem no aeroporto, recebi o pagamento em um saco de moedas de US$ 0,50 e segui viagem.

Primeiro fui a uma convenção de carros modificados, Hot Rods; depois, a um *freak show* clássico, com faquires, engolidores de espada e atiradores de faca. O mais bacana era que o evento acontecia no Coney Island Circus Side Show, fundado na década de 1940. O local historicamente recebia espetáculos semelhantes, circos com a mulher barbada, o menor anão do planeta, ou o homem mais gordo do mundo, e assim por diante.

Depois dessa série de experiências fantásticas, na noite do dia 10 de setembro de 2001, Edu Mendes me deixou no aeroporto de Nova York. Chovia muito, e por conta da tempestade, tive de esperar duas horas no avião da American Airlines, em solo. Quando a tempestade passou e pudemos decolar, meu relógio já marcava mais de meia-noite. No dia 11 de setembro de 2001, sem saber dos eventos apocalípticos que assombrariam o mundo em questão de horas, eu voava despreocupado e feliz, rumo à cidade de Londres.

Não havia nada de anormal quando desembarquei no aeroporto de Heathrow. Peguei minha bagagem, tomei um táxi e fui direto para meu porto seguro na capital londrina. Mas, quando pus os pés no apartamento do Andi Bone, já havia algo de diferente no ar.

Logo que cheguei o telefone tocou e, do outro lado da linha, alguém dizia que um avião tinha caído no centro de Manhattan. Eu olhava pro Andi e a gente não acreditava nem entendia direito aquela coincidência mórbida. Afinal, eu tinha acabado de sair de Nova York.

Como boa parte dos ingleses, meu camarada não tinha televisão em casa, então, sem que eu tivesse tempo de desfazer as malas, descemos pro pub mais próximo pra assistir às notícias.

Quando me preparava para dar o primeiro gole no meu *pint* de Guiness, a gente assistiu, ao vivo e em cores, ao segundo avião atingindo o World Trade Center. O que até então estava sendo visto como um acidente se transformava no maior atentado terrorista da história. A partir daquela manhã o mundo nunca mais seria o mesmo.

O pânico se instalou instantaneamente no planeta, as fronteiras se fecharam, os militares se colocaram em prontidão, as liberdades pessoais sofreram restrições e a sociedade se afastava radicalmente daquele mundo alternativo e utópico do Burning Man.

Não demorou nada para que o pânico dos americanos se estendesse a seus aliados, e corriam boatos desconexos de que iam explodir o Big Ben, invadir o castelo de Buckingham, e assim por diante.

Para piorar, meu voo para o Brasil, dali a uma semana, tinha uma escala em Nova York, fato que deixava minhas tatuagens brancas de medo. No mesmo dia dos atentados, liguei para a companhia aérea e, depois de infinitas tentativas nas linhas congestionadas, consegui que remarcassem meu voo, sem aquela escala inoportuna na terra de Tio Sam.

Na volta, antes do embarque, o aeroporto parecia um campo de refugiados. Filas e mais filas, principalmente de muçulmanos e judeus, voltando para seus países de origem, fugindo de possíveis represálias. E eu lá, latino, cara de hindu, com meu visual bizarro, no meio daquela loucura.

Apesar da muvuca e dos infindáveis procedimentos de segurança, consegui embarcar e chegar ao Brasil sem maiores traumas. Pra mim, que já tinha fumado baseados na Royal Dutch Airlines, aquela história de ter de tirar toda a roupa, abrir bagagem e tudo, sempre sob um tratamento ríspido e autoritário, era um sinal claro de que o mundo realmente havia mudado.

Gorakhnath com testa tatuada e argola de coral.

Foto superior: camponesa em Pokhara, joias de estrelas douradas.

Foto acima: material de divulgação.

Gorakhnath com argola de madeira na concha da orelha.

Gorakhnath iogue com argola de cristal.

Tibetanas com septo adornado.

Cigana com nostril amarrado.

Nepalesa com joia escorpião.

Orelha de senhor com turquesa – Nepal.

Senhora com mais de dez argolas na cartilagem – Nepal.

Asteca com língua bifurcada – Museu de História Natural – México.

Septo e orelhas perfuradas na cultura asteca – Museu de História Natural – México.

Mister Shinke. Piercer amador pioneiro no Brasil.

Festival vegetariano em Pukhet – Tailândia.

Verão do Amor – São Francisco – Estados Unidos.

Goa – Índia – c. 1993.

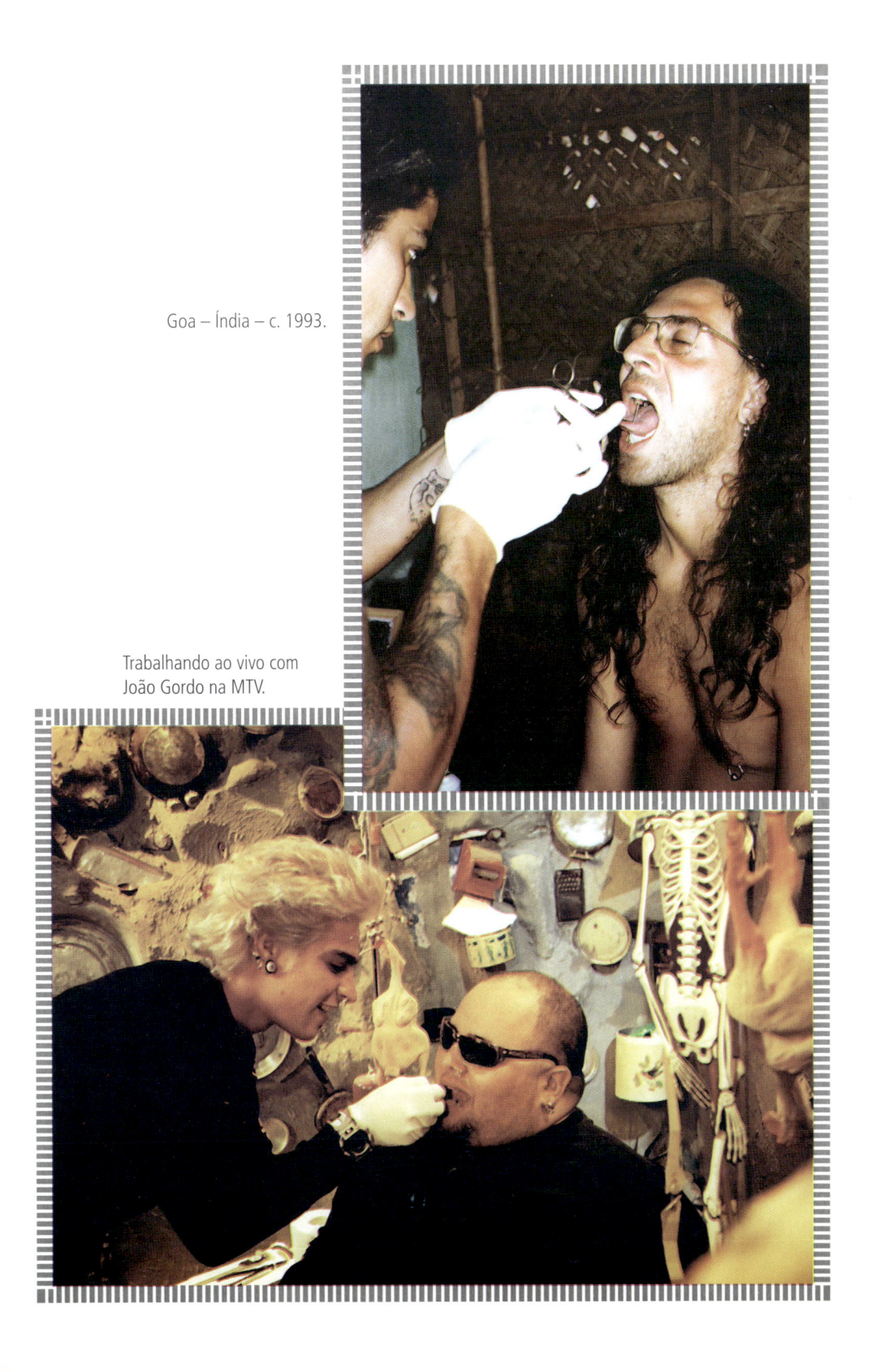

Trabalhando ao vivo com João Gordo na MTV.

Moko – Museu de História Natural – Nova Zelândia.

Taoísta no festival vegetariano – Tailândia.

Pa dong, tribo no norte da Tailândia.

Burning Man –
Deserto de Nevada –
Estados Unidos.

Lutadores Huka Huka –
Xingu – Brasil .

Primeiro cartão comercial da BPC, 1995.

Yualapiti Xingu com meu amigo Jaua.

Kamichaos exibindo a tattoo Freak Pimp.

Bornéu com Hercoly e tribo Dayaks.

Menina Kamayuras – Xingu – Brasil.

Folclore em Pushkar – Índia.

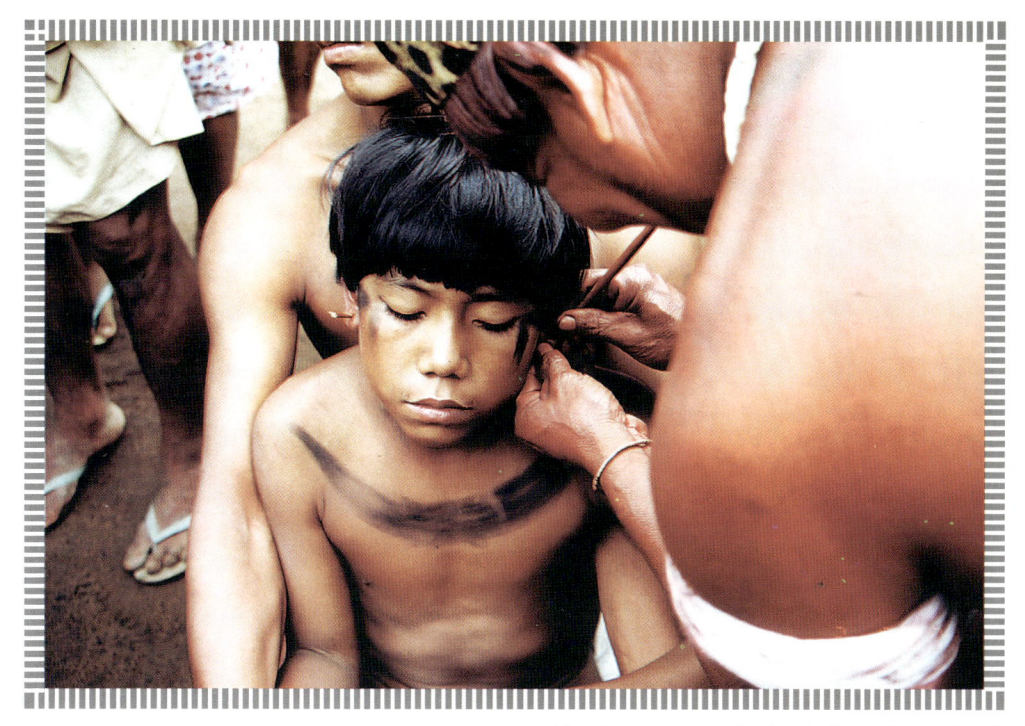

Rito de passagem, tribo Mehinaku – Xingu – Brasil.

Londres, com Michelle Edged – piercing no septo.

Adornos expressivos – Nasik – Índia.

Sadhus com genitália adornada no Kumbh Mela Alahabad – Índia.

Iban, tribo bornéu.

Iogue no Kumbh Mela Nasik – Índia.

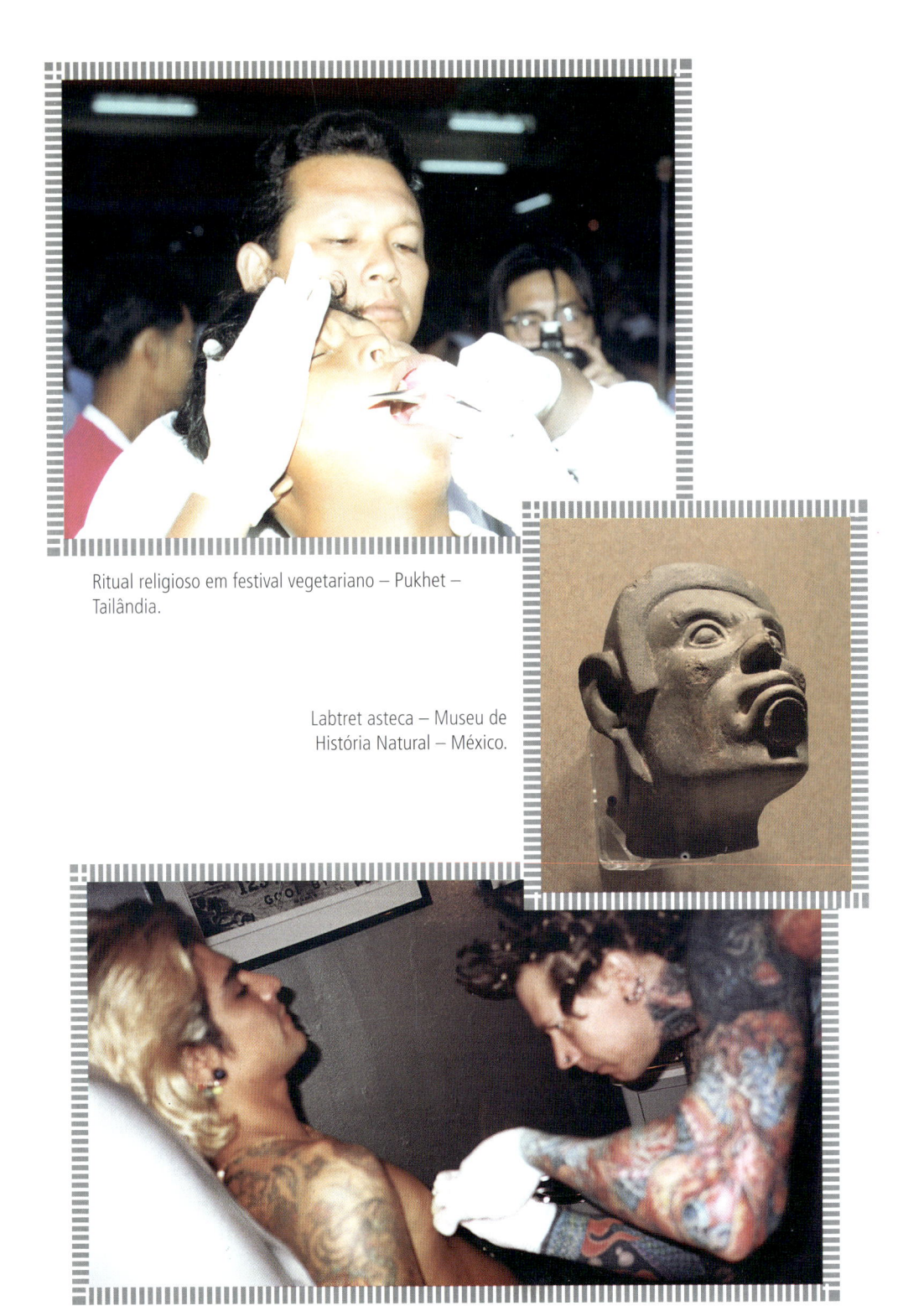

Ritual religioso em festival vegetariano – Pukhet – Tailândia.

Labtret asteca – Museu de História Natural – México.

Cliff Cadaver, em Hollywood, mostrando habilidade nos meus mamilos.

LAPIDAR PRA MODIFICAR

*O trabalho é a melhor e a pior das coisas:
a melhor, se for livre; a pior, se for escravo.*

(Alain, pseudônimo de Émile-Auguste Chartier, filósofo e jornalista francês)

Exportar é o que importa.

LINDO DE DOER

Após os atentados, assustado com o que acontecia no mundo, voltei ao Brasil. Estava já um pouco afastado das raves, havia passado a bola do Klatu pro Mil; portanto, resolvi me dedicar àquilo que talvez fosse o aspecto mais sólido da minha vida: piercings. Mas, novamente, não fazia sentido apenas voltar para a loja e continuar espetando a clientela. Novamente eu sentia que era preciso inovar de alguma forma. Então resolvi investir no outro extremo da profissão: a confecção de joias.

Havia, ainda, muito pouca variedade de peças para piercing no Brasil, e a experiência bem-sucedida com as joias de osso de búfalo me dava ânimo para novas empreitadas.

Era uma necessidade do mercado piercer nacional. Ninguém fazia peças por aqui, e se eu não fosse atrás disso, outra pessoa provavelmente iria. Só faltava mesmo um estalo, um estopim qualquer para que eu resolvesse voltar a investir no assunto. Veio no início de 2002, durante uma viagem de carro pelo interior de Goiás.

Tinha ido a Alto Paraíso, com os produtores do festival de música eletrônica Trancendence (que depois se dividiriam e fundariam também o Universo Paralello) numa missão, digamos, festivo-espiritual. Uma pessoa havia sido assassinada no sítio que esse pessoal alugou para fazer uma rave, o local tinha ficado abandonado por um longo tempo, e o objetivo da nossa viagem era promover uma espécie de festa ritual para "exorcizar" o espaço.

Mas isso não é o mais importante da nossa história. O que conta é que, na volta, pelo interior de Goiás, acabei passando, por acaso, numa cidade chamada Cristalina, nome que vem justamente do fato de o lugar ser um grande polo de extração e manufatura de cristais.

Assim que vi aqueles caras trabalhando me veio a ideia de desenvolver uma linha de peças feitas com pedras semipreciosas do Brasil. Eu já tinha lido sobre joias de vidro na cultura egípcia, na qual os piercings eram bastante difundidos, transpassando até o umbigo dos faraós em determinadas cerimônias.

Sabia que culturas tribais diversas usaram pedaços de minério para enfeitar orelhas, narizes e órgãos genitais em cerimônias e ritos de passagem. Me veio à cabeça principalmente uma exposição sobre os maias e os astecas, que tinha visto no Museu de História Natural no México, onde havia uma variada gama de adornos corporais confeccionados em pedra.

Quer dizer, joias minerais eram algo comum nas culturas ditas primitivas, mas não haviam chegado ainda às tribos modernas. Então estava claro que já passara da hora de tentar. Comecei a buscar alguém na cidade que pudesse me ajudar na empreitada. Evidentemente, ninguém entendia quando eu falava o que queria, que precisava de joias para colocar em várias partes do corpo.

Passei vários dias perambulando por garimpos, lojas e oficinas até que encontrei um artesão, seu Valdemar, que finalmente entendeu o que eu queria. A partir de placas de lapidação ele conseguiu esculpir várias peças que eu ia desenhando, em materiais diversos: ametista, ágata, jade, quartzo, madeira fossilizada e assim por diante. Com elas, montei a coleção Get Stoned, um trocadilho com as palavras *stone* (pedra) e *stoned* (chapado).

A essas peças de pedra somei algumas outras, de ouro, que joalheiros de São Paulo fizeram a partir de desenhos meus. Depois juntei tudo e viajei pra Holanda, onde participei da primeira convenção exclusivamente voltada ao mundo dos piercings na Europa. O trabalho foi um grande sucesso. Além do apelo das pedras brasileiras, que sempre chamam a atenção dos gringos, tinha também o outro lado, da mineraloterapia, que apostava no poder curativo de pedras e minerais.

Esse primeiro movimento de produção e exportação deu tão certo que resolvi investir mais na confecção das minhas próprias joias. O problema é que, no Brasil, país da lei de Gérson, era impossível encontrar um artesão que respeitasse o direito autoral sobre os desenhos. Eu mandava fazer uma joia criada por mim, e não dava outra. Alguns meses depois estava lá, o mesmo modelo, à venda em alguma lojinha vagabunda.

Conclusão: resolvi que eu mesmo tinha de confeccionar as peças. Fui estudar, passei a frequentar aulas de joalheria. Comecei aprendendo o básico, fazendo fundição, depois criando anéis, brincos, pulseiras etc. Em pouco tempo passei a adaptar essas técnicas tradicionais para o que eu precisava, e logo já estava produzindo meus primeiros piercings de ouro. Em mais um pouco de tempo eu estava com uma oficina montada, também na rua Augusta.

Assim como no processo de perfuração, na confecção das peças minha influência continuava a vir, sobretudo, das culturas tribais. Para horror dos ourives tradicionais, que achavam um absurdo misturar o ouro com materiais tidos como menos nobres, eu me divertia fazendo joias com ouro e madeira, chifre e osso de animais.

Na loja da Ouro Fino foi uma inovação muito bacana o fato de as pessoas poderem chegar no balcão e discutir com o piercer –, que era também o designer e o artesão –, a joia que melhor serviria em seu caso particular. Era algo completamente exclusivo e personalizado, o que, por algum tempo, deu bastante certo.

A partir daí, nunca mais deixaria de investir com afinco na produção das minhas próprias peças. Porque havia outro aspecto além da necessidade de suprir uma demanda, um aspecto mais pessoal e particular. Para mim, a joalheria foi também mais um passo na profissão, a escolha de um dos caminhos que eu via se abrir para mim naquele começo de milênio.

Nessa época, em que já havia visto e vivido tanta coisa, eu enxergava basicamente dois rumos a serem seguidos. Se não optasse pela joalheria, teria fatalmente de ir para o outro lado, o lado das modificações corporais mais intensas, que, para mim, não faziam muito sentido, mas que estava começando com bastante força no universo underground nacional.

Estavam se tornando relativamente comuns no Brasil práticas como a subdivisão da língua, seccionada com bisturi e depois suturada; implantes subcutâneos de metal, que podem ser inseridos nas sobrancelhas ou em qualquer parte do corpo onde haja uma superfície óssea lisa para dar sustentação; tatuagens no globo ocular; e tatuagens feitas com bisturi, retirando-se completamente a pele e formando desenhos em baixo relevo.

No exterior, havia, inclusive, casos extremos, registrados e documentados, de pessoas que, a meu ver, estão sofrendo de uma extrema carência e que precisam de um tratamento psicológico.

Coisas como um sujeito que, em vez de dividir a língua no meio, optou por dividir o próprio pau. Toda a cirurgia foi documentada no livro *Body mods,* em fotos que mostram, com crueza e sem qualquer charme, os detalhes do corte longitudinal que dividiu o pênis do sujeito feito uma salsicha de hot--dog. Ou seja, fez que aquela pessoa se tornasse uma aberração pelo resto da vida. Mas mesmo quando não chegava a extremos como esse, a modificação corporal não era minha praia. Aquilo tudo era muito novo, e os métodos não eram nada seguros, não havia garantia de que não traria problemas futuros.

Técnicas como a escarificação, por exemplo, que ainda hoje é praticada, são bastante questionáveis porque o corpo acaba se regenerando de uma forma caótica fazendo que, com o tempo, no lugar do desenho sobre uma cicatriz.

 Eu até tive a oportunidade de aprender técnicas de implante de pele, os *love beads,* com o pioneiro e exótico Cliff Cadaver, em Hollywood. Mas a experiência me tirou o interesse por esse tipo de prática, me mostrou que eu realmente não estava a fim de cortar, suturar e implantar objetos na pele alheia.

Além de tudo isso, a verdade é que eu, cada vez mais, me convencia de que o que me interessava era, sobretudo, trabalhar com adornos corporais que refletiam o que eu tinha pesquisado e vivido durante minhas viagens pelo mundo. Em culturas diversas eu tinha visto os piercings sendo usados como formas de identificação de povos e tribos.

No meu trabalho cotidiano como piercer e joalheiro, eu via um paralelo direto com essa maneira "primitiva" de usar os adornos corporais como o símbolo de pertencimento a um determinado grupo social. A "patricinha" vai escolher uma joia de ouro com diamante; o "ecológico" vai usar peças orgânicas; os "vegetarianos" jamais compram ossos, apenas madeira; os "esotéricos" procuram os cristais, os *"computer freaks"* preferem os materiais tecnológicos, como o titânio ou o nióbio, os ravers querem aparecer com suas joias fluorescentes, e assim por diante.

Além disso, assim como no passado, atualmente os adornos mostram nossa relação com o ambiente que nos cerca, revelam os conhecimentos que adquirimos e refletem nossa relação com a natureza. Sempre, ao longo da história, as pessoas se enfeitaram com o que havia ao seu redor: madeira, osso, concha, pedras. Atualmente a gente usa o aço dos nossos carros, o plástico dos nossos computadores; o vidro das nossas janelas; o titânio das naves espaciais, e por aí vai.

São várias as ligações entre a nossa relação atual com as joias e aquela que o ser humano manteve ao longo da história. Antigamente, por exemplo, não eram poucos os povos que usavam joias como dotes de casamento, principalmente nas culturas mais nômades, como a dos ciganos. Hoje, de uma forma ou de outra, as joias ainda fazem parte do processo de casamento, através das alianças.

Os piercings também sempre figuraram como elementos importantes nas mais diversas culturas. No ano 5 mil a.C., escrituras védicas hindus já falavam em deuses que usavam piercings nos lóbulos das orelhas.

Dois mil anos depois, habitantes de ilhas do sul do Pacífico perfuravam nariz, lábios, orelhas e genitais e alargavam os lóbulos. No século V d.C., os centuriões, a guarda pessoal do imperador romano, usavam argolas de ouro nos mamilos como demonstração de força, virilidade e lealdade a César.

Além de todos esses aspectos fascinantes que se multiplicavam no universo da joalheria, ainda inspirado nas culturas primitivas, havia o lado espiritual e ritualístico que também me atraía. Estava mais interessado na influência que um piercing pode exercer em um determinado chakra, do que no homem que resolveu se transmutar em lagarto, por exemplo.

O FREAK SHOW NÃO PODE PARAR

A única diferença entre a loucura e a saúde mental é que a primeira é muito mais comum.

Millôr Fernandes (escritor brasileiro)

John Kamikaze, *one man show.*

LINDO DE DOER

Um pouco depois de eu voltar do Xingu, a Flávia, que na época era dona do clube B.A.S.E., me convidou para um evento que ela havia montado e que tinha bastante a ver comigo: uma noite *freak,* com o grupo Kamikaze. O show era fantástico, com um contorcionista que passava o corpo todo por dentro de uma raquete de tênis, caras que pregavam a língua e o saco numa tábua de carne, engoliam espadas luminosas que deixavam todo o esôfago brilhando, penduravam extintores de incêndio no pau, e assim por diante.

Aquele evento foi algo bem importante na noite paulistana porque esse era um universo ainda bastante desconhecido no Brasil. A arte e as modificações corporais começavam a se insinuar pelo meu mundo, mas eram apenas os iniciados que tinham contato com essas dolorosas novidades. Além daquela matéria sobre a minha suspensão, que falava também sobre a apresentação do Traumatic Stress Discipline, esse mundo das performances mais bizarras era uma grande incógnita para a maioria de meus compatriotas.

De qualquer forma, o evento foi um sucesso, chamou atenção, mas logo tudo voltou à normalidade. Até que, meses depois, já no começo de 2003, o Ignácio Aronovich, fotógrafo que, com a mulher, Louise Chin, tinha registrado a performance no B.A.S.E, me ligou e disse que o Kamikaze estava querendo voltar ao Brasil. Perguntou se eu não gostaria de ajudar a produzir o show. Como na época eu ainda estava com bastante grana entrando da loja, topei na hora.

Não foi fácil, mas, como quase todas as minhas empreitadas, foi bem divertido. Primeiro, achei um clube abandonado, o Stereo, que funcionava onde hoje é o D-Edge, na Barra Funda. Descobri o telefone dos donos do lugar, liguei pra eles e falei que queria fazer um *freak show.*

– Tudo bem – o cara respondeu – mas não tem nada aqui. Som, luz, nada mesmo.

– Sem problemas. Já tô pagando passagem pros caras, cachê, hospedagem, agora vamos fazer. Tá fechado.

Chamei o Milton, do Klatu, para dar um reforço, e montamos a estrutura toda do zero. Som, luz, bar, segurança, divulgação, tudo. Deu trabalho, mas nada que nos assustasse. Afinal, estávamos acostumados a produzir raves no meio do mato, onde era preciso levar até gerador, e no espaço alugado tinha energia elétrica, banheiro, camarim, então, no fim, até que não foi dos maiores desafios.

Com a casa pronta, voltamos os esforços pra divulgação. Aí também não foi difícil porque o Led's estava produzindo uma convenção de tatuagem em São Paulo naquela semana, então a imprensa vinha dando bastante atenção a assuntos relacionados. A gente aproveitou para arrebentar.

Reunimos toda a mídia, televisão e o escambau, e fizemos um evento pré-festa, na praça Charles Miller, em frente ao estádio do Pacaembu. Enquanto a bateria da escola de samba Vai-Vai botava o povo pra dançar, o líder do grupo *freak*, John Kamikaze, cravou uns ganchos nas costas e ali, diante de todo mundo, puxou uma caminhonete cheia de gente, pelo estacionamento do estádio.

Coisa de louco, o cara lá, arrastando a caminhonete pelas costas, enquanto, na carroceria, uma mulata toda paramentada de rainha da bateria sambava pra valer, balançando um piercing cravado no umbigo.

Conclusão: depois daquela amostra grátis, todo mundo queria ver o show. Ingressos esgotados. Demais. Para completar o ineditismo do evento, em vez de colocar uma banda de hardcore ou heavy metal, a gente contratou o Don KB, um DJ que tocava samba rock, Jorge Ben, Trio Mocotó, e aquilo dava um nó na cabeça dos metaleiros e punks que compunham a maior parte do público.

O grupo estava ainda mais afiado (literalmente) do que na primeira apresentação, no B.A.S.E. Subiam em escadas de lâminas, engoliam espadas, cortavam melão com um machado na cabeça do outro e estouravam bombas por todo o palco.

No *grand finale*, John, vestindo umas asinhas de anjo, era suspenso por ganchos cravados nas costas e, através de um sistema de roldanas, voava sobre o público em meio a uma nuvem de purpurina, enquanto o DJ soltava Dancing Queen, o sucesso máximo do Abba.

Era assim o Kamikaze. Tinha uma estética divertida, até meio gay, voltada pro lado circense da coisa, bem diversa da morbidez violenta do TSD. Foi incrível, os machões barbados voltando a se sentir crianças. Montamos um verdadeiro playground para malucos. Daquela forma, irreverente e inusitada, o mundo dos espetáculos bizarros underground se sedimentava por aqui.

Chegava até um pouco atrasado. Porque, assim como as modificações corporais, os *freak shows* eram um fenômeno em franca ascensão no mundo. Sinal dos tempos talvez, quem sabe até uma forma de externar toda a violência e caos que ecoavam nas páginas dos jornais. Havia coisas realmente fortes planeta afora.

Na Inglaterra, por exemplo, tinha esse sujeito, Ron Athey, um gay americano, hardcore extremo, que fazia performances assustadoramente sadomasoquistas. Diziam, na época, que ele tinha aids, mas ninguém sabe ao certo, assim como ninguém pode explicar de onde vinha tanta revolta para ele fazer o que fazia com o próprio corpo.

Eu fui numa apresentação dele, numa galeria de body-art em Londres. Primeiro era apresentado um vídeo em que ele fazia uma tatuagem de estrela no ânus, algo já suficientemente repulsivo.

Quando o vídeo terminava, entrava o cara, ao vivo, completamente careca, andando devagar e com dificuldade, apoiado numa bengala, usando uns salto-altos enormes e uma tanga fio-dental. Ele parava por alguns instantes, encarava a plateia, depois pegava um gancho que havia sobre a bengala e engatava em algum lugar embaixo daquele biquíni bizarro. Então dava um puxão e ia arrancando uma corrente gigantesca, de dentro dos próprios intestinos. Esse era só o começo. Depois o sujeito fazia umas danças estranhas e continuava se machucando de tudo que era jeito, um lance realmente assustador.

Tudo isso pra dizer que eu estava disposto a produzir um ou outro show por aqui, mas viver mergulhado naquilo, ganhar a vida machucando ou explorando o limite da dor dos outros era algo a que não estava disposto. Preferia ganhar dinheiro desenhando minhas joias e perfurando o umbiguinho das minhas clientes.

De qualquer forma, minha relação com o John Kamikaze foi muito divertida. As semanas que ele ficou por aqui foram suficientes para nos tornamos bons amigos. No fim, para sedimentar a camaradagem, o figura tatuou o meu rosto na própria coxa.

Tinha, e ainda tem, vários desenhos semelhantes pelo corpo, sempre de pessoas que mantêm alguma relação com o universo circense. Ainda hoje John Kamikaze leva meu rosto com os dizeres *Freak Pimp*. Me sinto muito honrado com isso, mesmo porque ele é uma das pessoas mais incríveis que já conheci.

ABRAÇANDO O LADO NEGRO DA FORÇA

É mais claro que o sol que Deus criou a mulher para domar o homem.

Voltaire (filósofo francês)

Postal de divulgação.

LINDO DE DOER

Tudo estava muito bom, indo muito bem, sucesso, famosos e anônimos sedentos por sentir as espetadas da minha agulha (no bom sentido). Eu mantinha, no início dos anos 2000, três lojas na Galeria Ouro Fino. Uma dupla de piercing, e outra no subsolo, onde tinha montando um estúdio de tatuagem.

Na verdade, essa terceira loja era um pouco mais do que isso, era uma espécie de loja temática. Além das tatuagens, feitas pelo Pedro, eu havia criado uma marca, a 13 Tattoo. Vendia itens diversos: camisetas, chaveiros, canecas e carteiras, tudo com estampas do mesmo tema: tatuagem. Foi inovador também e deu bastante certo por um tempo.

Era assim. Ia tudo de vento em popa até que chegamos a algo que é inevitável quando se sobe muito: a queda. Primeiro, como de costume, veio uma mulher. Fernanda. Um desvio de conduta em embalagem feminina. Loira, corpo impecável, dois olhos azuis que pareciam o portal para outra dimensão.

A gente começou um relacionamento completamente incendiário e explosivo, uma coisa louca, de posse, ciúmes, de brigar, separar, atar, brigar de novo, separar e reatar de novo. Uma relação que me fazia mergulhar no avesso do meu ego, num mundo autodestrutivo, de festas e piração sem fim, regado a drogas diversas, álcool em especial. Não morri por sorte, nessa época, porque alguma luz, alguma força misteriosa disse que ainda não era minha hora.

Misturava Guiness e Harley Davidson como se fosse natural. Ia pros pubs de São Paulo, tomava dez, onze *pints* de meio litro de cerveja, depois saía rasgando de moto pelas ruas desertas, enxergando tudo em flashes estáticos, tipo *Matrix*.

Teve noite em que cheguei a subir na moto por um lado e, de tão bêbado, cair do outro, depois levantar, a muito custo conseguir dar partida na *maledetta* e sair pilotando, sem culpa. Passava pelos comandos da polícia chutando os cones, e continuava feito o batedor do capeta, queimando o asfalto com viaturas apitando na minha cola, *outlaw* total, com a gata da Fernanda aboletada na garupa.

Mas, tudo bem, tudo certo, ia sobrevivendo. Só que, como geralmente acontece, os problemas vieram em série. Além dessa mulher que me deixava completamente fora dos eixos, comecei a enfrentar uma série de contratempos também nos negócios.

Primeiro, um funcionário me atravessou, vendeu peças minhas sem que eu soubesse, resolvi demiti-lo, e ele me processou. Depois, fui assaltado na loja. Duas vezes. Tinha investido uma fortuna em uns relógios que combinavam com uma linha de joias de titânio.

Os caras arrombaram a Body Piercing Clinic e levaram só os relógios, o que havia de mais caro. OK, tudo bem, faz parte, pensei com minhas tatuagens. Daí, uma semana depois, arrombaram de novo, e levaram mais uma leva de relógios.

Pra completar a maré de azar, o dono das lojas em que eu era inquilino, vendo que meus negócios iam muito bem (apesar dos assaltos) resolveu aumentar o aluguel. Na verdade, resolveu cobrar o dobro do que eu pagava, que, por sinal, já era muito mais do que quando aquela galeria era quase exclusivamente frequentada por moscas e pulgas.

Então resolvi radicalizar. Mudar o fluxo das energias. Vendi a loja de tatuagem por um preço simbólico pro meu tatuador, entreguei as chaves da Body Piercing Clinic (espaço que continua sem inquilino até hoje) e saí da Ouro Fino. Aluguei outro ponto a uma quadra, na rua Oscar Freire.

Péssimo negócio. As pessoas não se dispunham a atravessar a rua. Principalmente porque todo mundo que queria fazer piercing já tinha a Ouro Fino como referência, não saía procurando. Eu não conseguia divulgar o novo espaço, a cidade estava coalhada de novos piercers, e minha clientela foi minguando rapidamente.

Também não conseguia me concentrar no trabalho, porque tinha aquela mulher, aquela perdição modelo *pin-up*. Ela estava fazendo faculdade de moda e era meu descaminho em forma de mulher. Precisava de um tema pro trabalho de conclusão, e eu, apaixonado, abobado, escravizado, resolvi, mais uma vez, me tornar um guia pelo mundo underground. Levei a Fernanda pra Londres, pra São Francisco, pra Malásia, pra Tailândia, pro mundo inteiro, gastando rios de dinheiro, brigando e voltando numa montanha-russa sem fim.

Era isso. Eu estava mergulhado na escuridão, na perdição da noite suja, mergulhado nas trevas, flertando com Fernanda e com Satanás. Então, fiz o que me pareceu mais acertado na época. Abracei o lado negro da força.

Resolvi virar meu inconsciente do avesso, trazer à tona minhas angústias e transformar aquela condição em algo divertido. Resolvi produzir uma festa de fetiche em São Paulo. O nome da balada era 69 – Fetish For Fun.

Era uma maneira de exorcizar toda a uruca que havia se colado na minha aura. Mas, confesso, era também uma forma de fazer que a Fernanda desfilasse para mim, deliciosamente apertada numa roupa de látex, quiçá pisando na minha cabeça com um salto agulha vermelho.

A primeira edição da festa aconteceu no Black Box, um clube da galerinha *fashion*, na rua Tabapuã, Itaim. Antes do evento, começamos a divulgar a festa, no boca a boca, depois com flyers, principalmente na minha loja e em outros pontos-chave do universo underground.

Por incrível que pareça, em pouco tempo recebemos propostas de uma série de profissionais do mercado fetichistas, principalmente dominatrixes, mulheres que tinham a arquetípica profissão de escravizar homens. Eu não podia imaginar que havia muita gente em São Paulo que ganhava a vida nessa curiosa função. Em geral, elas atendiam em domicílio, mas não se opuseram à ideia de comparecer à festa. Algumas já vinham, inclusive, com sua equipe própria de escravos para serem chicoteados e pisoteados, caso nenhum frequentador do evento se dispusesse a tal.

Aquilo tudo era surpreendente para mim. Na Europa, onde as mulheres têm seus direitos mais assegurados, competem em pé de igualdade com os homens e são mais fortes e independentes, essa figura da dominatrix era bem comum, e fazia sentido ser assim.

Agora o Brasil é um país machista, sexista, com suas musas do funk e rainhas da bateria, que podem até rebolar um pouquinho, mas depois precisam voltar logo pra casa para lavar a louça do jantar. Então, achei curioso descobrir que aqui, ainda que escondida, também houvesse essa cultura da mulher poderosa, do *pussy power*.

Mas, enfim, a gente contratou esse pessoal todo, mandei fazer uma cruz de Saint Andrews, onde o dominado tinha os pés e as mãos amarrados pra ser chicoteado, e abrimos a primeira edição.

A brincadeira era a seguinte: quem estivesse muito bem fantasiado, quase não pagava entrada; quem estivesse com uma fantasia meia-boca pagava um preço normal; e quem estivesse sem personagem pagava um absurdo de caro. Quando as pessoas descobriam isso de última hora, tinha gente que ia até o sex shop da esquina comprar uma fantasia, outro que tirava a roupa e entrava só de cueca, enfim, superdivertido.

E no Brasil, país do carnaval, o pessoal aderiu na hora ao novo jogo. A maioria vinha fantasiada de Batman, bombeiro, encanador, enfermeira, coelhinha, uma ampla gama de personagens, mas quase sempre no espírito da coisa, que puxava um pouco para o erotismo e para a sensualidade.

Entre os convidados que viam aquilo pela primeira vez e encaravam tudo como uma espécie de festa a fantasia mesmo, havia também um pessoal que já era do meio, que já tinha frequentado eventos semelhantes na Europa e que mergulhava de cabeça na coisa.

Caras que desciam do carro cobertos de látex até a cabeça, sem nunca mostrar o rosto e que a gente desconfiava que eram pessoas mais velhas, membros da elite paulista que realmente não queriam aparecer ali, mas que, quando chegavam na pista, faziam as performances mais radicais, completamente hardcore.

Por outro lado, mesmo entre os que nunca tinham vivido ou experimentado aquele mundo, havia uma parcela que já tinha a semente do fetichismo plantada na alma. Gente que, de alguma forma, guardava algo desse mundo sadomasoquista no inconsciente, e que quando chegava num espaço propício, se libertava completamente.

Era um lugar onde as pessoas soltavam as rédeas, deixavam suas fadas e bruxas voarem livres. No começo, foi só alegria. A maioria estava ali pra curtir mesmo. Havia, inclusive, muitos ravers que, já um pouco mais velhos e cansados dos perrengues das festas de sítio, aderiram em peso à nova onda.

Era como se substituíssem a viagem por uma estrada de terra desconhecida pra chegar à festa, por outra jornada, na frente do espelho, produzindo um personagem de um mundo imaginário.

As festas começaram despretensiosas, atraindo um público médio de trezentas pessoas. A música era quase sempre eletrônica, vertentes do dark trance, techno, electro, idm, mas havia também espaço pro punk rock e pra flashbacks da disco music da década de 1980. Não havia um local fixo para os eventos. Eles ocorriam de forma itinerante e além do Black Box houve edições também no Amp e no D-Edge.

Eram divertidas e imprevisíveis, as festas. Lembro que numa delas o Heitor Werneck, que era meu sócio, estava na porta, escolhendo quem pagava quanto, de acordo com o estilo da fantasia. Nessas, sem saber, ele barrou uma amiga minha, que eu tinha convidado pessoalmente, porque ela estava pouco produzida. A mulher ficou uma fera, deu meia-volta e foi embora.

Dali a pouco voltou, mas, ao contrário da maior parte das pessoas que saía pra ir num sex shop ou loja de fantasias, ela deve ter ido numa quitanda ou num supermercado. Voltou com uma caixa de ovos, abriu na porta da balada, atirou dois ou três no Heitor, virou as costas e foi-se embora novamente.

A coisa avançou rápido. Saiu uma reportagem na revista *Vogue*. As edições do evento eram sempre lotadas, com público crescente, mas que, por opção nossa, nunca chegou a passar das quinhentas pessoas.

Foi tudo caminhando assim, de uma forma divertida e descompromissada até que, na última edição de que participei, a gente deu um perigoso passo além. Resolvemos fazer a festa no clube Dominna, uma casa de suingue. Péssima ideia. Quando dei por mim, tinha colocado o inferno na Terra, a coisa já estava muito além do que eu podia controlar.

Porque, quando o público que já frequentava o lugar em busca de experiências sexuais, digamos, pouco ortodoxas, se misturou aos frequentadores das nossas festas, que também estavam se tornando cada vez mais arrojados, o resultado foi explosivo. As pessoas começaram a exagerar, a perder o controle e o espírito de brincadeira foi rapidamente dando lugar ao caos e à violência.

Patricinhas amarravam o namorado na cruz de Saint Andrews e, ao invés de bater de brincadeira, sentavam o chicote pra valer, machucavam mesmo.

LINDO DE DOER

Homens assediavam as dominatrixes de forma acintosa e violenta, e pessoas se autoflagelavam até sangrar no meio da pista de dança. Assustador.

Durante essa festa, lá pelas tantas apareceu um sujeito completamente pelado com várias agulhas espetadas pelo corpo, filetes de sangue escorrendo sobre a pele. Ele veio andando devagar, pela pista, enquanto era chicoteado pela dominatrix, e, quando chegou mais perto, eu percebi que ele vinha arrastando uma espécie de rabo, enfiado no próprio ânus, uma coisa muito pesada mesmo, que imediatamente me remeteu ao show do Ron Athey.

Achei um pouco demais aquilo, aquela figura moribunda e deprimente se arrastando em meio ao povo que só queria se divertir. Cheguei à conclusão de que, mais uma vez, era hora de mudar de ares, de buscar um pouco de luz e ar fresco na minha vida.

Essa foi a última Fetish For Fun que promovi em São Paulo. O tempo passou, e eu acabei esquecendo o clube Dominna, aquele lugar ligeiramente doentio e carregado. Vários anos depois, quando já estava completamente mergulhado no universo da ioga, sem usar qualquer tipo de droga e sem comer carne, fui convidado para a inauguração de um restaurante vegetariano que funcionava no centro espiritual de um famoso guru indiano, o Prem Baba.

Fui com meu carro e, quando me aproximava do endereço que constava no convite, senti uma estranha familiaridade com a vizinhança. Assim que estacionei, com um bocado de assombro a me percorrer a alma, constatei que o tal restaurante funcionava exatamente no mesmo imóvel que um dia havia abrigado o clube Dominna.

"Como que exorcizaram isso daqui?", pensava comigo mesmo. Há algum tempo tinha um monte de gente pelada, se batendo, sangrando e agora era um centro de espiritualidade!

Foi muito incrível aquela coincidência, a maneira como eu estive no mesmo lugar em épocas e condições tão diversas. E como esse lugar, de alguma forma, se moldou àquilo que eu estava buscando. De qualquer forma, eram dois templos erguidos em função do corpo e da alma humana. O primeiro alimentava o ser com álcool, drogas e subversão; o segundo, com chá, comida vegetariana e ioga, na busca da iluminação.

A GUINADA IOGUE

Faça ioga para ser melhor para os outros e não melhor que os outros.
Prof. Hermógenes (escritor, professor e divulgador brasileiro da *hatha* ioga)

Sharath, eu e Sri Pattabhi Jois.

LINDO DE DOER

Em 2003, mais ou menos na época em que eu saía dos porões fetichistas paulistanos, o Arthur Veríssimo me chamou de volta pra Índia, para documentarmos mais um Kumbh Mela, experiência que eu não recusaria por nada nesse mundo. E lá fui eu mais uma vez para a Índia, mais uma vez pronto pra ser chacoalhado pela força mística das filosofias e religiões orientais. Dessa vez, contudo, a parte mais intensa não aconteceu durante a reunião espiritual às margens do Ganges. Aconteceu antes.

No caminho para o festival, fizemos uma parada em Mysore, uma cidadezinha perdida no sul da Índia. A ideia era entrevistar Pattabhi Jois, um mestre que ensinava a *ashtanga*, uma nova prática de ioga, que estava rejuvenescendo muita gente e que vinha amealhando um bocado de seguidores.

A gente passou uma noite na cidade e na manhã seguinte bem cedo, por volta das quatro da manhã, tomamos um *tuk tuk*, uma espécie de triciclo muito comum na Índia, e fomos para o *ashram* do Pattabhi. Era uma casa simples para os nossos padrões, mas bem acima da média indiana. Por todo o lado sentíamos um cheiro delicioso, o mesmo que exalava do restante da cidade, grande produtora de incenso.

Na antessala acumulava-se uma quantidade enorme de sapatos, e algumas pessoas esperavam sentadas, como num consultório médico. Havia três salas de prática. Uma bastante ampla, para os homens indianos, outra média, para as mulheres indianas, e outra bem pequena, para estrangeiros. O guru permitiu que assistíssemos à prática dos estrangeiros, o que foi muito marcante para mim, porque até então eu nunca tinha visto ocidentais fazendo ioga. Apenas indianos.

A maioria dos alunos de Pattabhi era mais velha, e boa parte deles usava cabelos e barbas compridas, tatuagens e piercings. Engraçado aquilo. Aquele pessoal parecia ter vindo direto de Goa, e evidentemente que eu me identifiquei com eles logo de cara. Era como se eu me visse naquela situação dali a uns anos, algo semelhante ao que tinha sentido diante das figuras barbudas, tatuadas e perfuradas com quem eu topara nas minhas primeiras convenções de tatuagem, na terra da rainha.

Eu olhava aqueles caras colocando as pernas atrás do pescoço sem muito esforço aparente e me fascinava com aquilo. Eram pessoas a caminho da velhice, que estavam lá fazendo exercícios pesados, suando e ralando, mas que pareciam bem, que exibiam corpos extremamente saudáveis e que, claramente, estavam se cuidado para se manterem daquela forma pelo maior tempo possível. Era bonito ver o pessoal fazendo as práticas com intensidade, meditando daquela forma tão entregue, num ciclo muito legal de energia.

Assim, levemente embasbacado com o novo contato iogue, assisti à pratica inteira e depois fui conversar com Pattabhi, dizer que queria participar, aprender melhor aquilo. Já havia tido algum contato com a ioga nas minhas idas anteriores à Índia, mas ainda me restringia ao lado da meditação e da admiração, digamos laica, daquela filosofia toda. Na verdade, mais tarde eu tomaria conhecimento de que entendia pouco ou quase nada daquele universo.

Além disso, estava mergulhado no mais carnal dos mundos, vivendo uma rotina que abalaria o ânimo de Dionísio em pessoa. Nunca estivera tão distante daquele mundo onde, no entanto, estava prestes a mergulhar.

Prova disso é a foto que guardo até hoje: Pattabhi e eu diante do centro, ele como uma expressão saudável e serena, eu com umas olheiras gigantescas, completamente zoado e chapuleta por ter me arrancado da cama às quatro da matina.

Mas, enfim, depois de assistir à prática, eu disse que queria aprender o que ele tivesse para me ensinar, e Pattabhi, uma pessoa muito simples e sábia, respondeu que não poderíamos praticar com ele. Para isso precisaríamos ter marcado com antecedência e teríamos de ficar ao menos um mês por ali.

Nossa passagem estava agendada para antes disso, e ainda tínhamos um Kumbh Mela para documentar. De qualquer forma, contrariando sua fama de ortodoxo, o mestre indicou outro local, onde poderíamos nos iniciar nas práticas no tempo de que dispúnhamos.

No dia seguinte, também de manhã bem cedo, lá fomos nós para o local indicado, a escola de um mestre chamado Iogaratna B. N. S. Iyengar. Chegamos ao retiro Patanjala Iogashala quando o sol começava a nascer em meio à névoa fria, e entramos num ambiente ainda escuro, com fogo ardendo numa lareira e incenso queimando.

Espalhados pelo chão, vários indianos entregavam-se à prática de ioga. Não havia estrangeiros por ali. Apenas pessoas do local, homens meio gordinhos, com roupas bem típicas da região.

O mestre, um senhor também gordinho e baixinho, aprendiz de T. Krishnamachar, nos atendeu sem muita atenção. Pediu uma doação para o retiro e nos entregou um papel com o desenho de algumas posturas. Depois, sem dizer muita coisa, nos conduziu a outra sala, onde havia um japonês e um europeu.

"Vocês vão fazer a prática com eles. O que eles fizerem, vocês imitam", exclamou antes de virar as costas e sair.

"Como assim", pensei desanimadamente comigo mesmo. Estava do outro lado do mundo, no país berço da ioga, e o mestre me mandava seguir dois gringos?, Não era exatamente o que esperávamos. Mas o local era fascinante; o silêncio, a luminosidade difusa, o som ritmado das respirações, tudo exalava paz e transcendência. Então, como estávamos lá mesmo, acabamos topando.

LINDO DE DOER

Durante cinco dias, Arthur e eu frequentamos aquele arquetípico local e seguimos à risca cada movimento dos nossos colegas gringos. Para nossos corpos hedonisticamente destreinados, o desafio não era pequeno e a dor não era pouca.

Mas me sentia confortável naquele lugar, mais uma vez me colocando em contato com os limites do meu próprio corpo. Sabia boa parte da história da Índia, conhecia a cultura local, e estar num lugar como aquele, mergulhado naquelas práticas tão complexas e desafiadoras fazia que me sentisse à vontade.

Foram cinco dias de descobertas. Eu, que já vinha flertando com a ioga há tempos, saí de lá sentindo que aquilo me fazia realmente bem, que estava na hora de carregar aquelas práticas comigo de maneira mais intensa.

Ao fim dos cinco dias, quando as certezas sobre a ioga já estavam bem arraigadas em mim, as providências se movimentaram. Enquanto jantávamos no restaurante do hotel, conhecemos um casal de brasileiros. Conversa vai, conversa vem, falamos da experiência com a ioga, dissemos que gostaríamos de seguir as práticas no Brasil e eles nos deram o endereço da professora Regina Ehlers, que ensinava aquela mesma prática em São Paulo, na Vila Madalena. A partir daí, a ioga nunca mais deixaria de se constituir numa parte importante da minha existência.

Antes de voltarmos ao Brasil, fomos para o Kumbh Mela em Nashik, onde experimentei sensações bastante diversas do que havia vivenciado na visita ao festival anterior.

Senti, durante toda a viagem, um clima tenso e pesado, diferente do que havia experienciado nas minhas outras andanças pela Índia. Lembro, em especial, de uma mulher, uma velha senhora que se desfazia em prantos sentada no chão, completamente desolada. Me aproximei e ofereci algum dinheiro, mas ela recusou e voltou a chorar sem dar atenção a nada mais além do próprio sofrimento.

O desespero não era à toa, explicou o guia indiano que nos acompanhava. A velha acabara de ser abandonada pela família, tradição razoavelmente comum na Índia e que acontecia com frequência durante os Kumbh Mela. Em meio à tamanha multidão, ela nunca conseguiria reencontrar os filhos e netos que a haviam abandonado à própria sorte.

Foi uma viagem conturbada. Presenciamos dois atentados terroristas próximos ao nosso hotel. A realidade da Índia parecia outra. Carregada, agressiva. Não era fácil manter o ânimo diante de toda aquela desgraça e miséria que nos cercava.

Lembro de uma ocasião em que alguns peregrinos vieram na minha direção pedindo bênção. Achando que eu era um *sadhu*, me deram algumas rúpias, e eu, sem saber direito o que fazer, aceitei o dinheiro e agradeci. Depois caminhei alguns passos e entreguei a um pedinte, que certamente faria melhor uso.

É algo impressionante a miséria na Índia. No dia seguinte a esse acontecimento, presenciei um tumulto terrível ao redor de um guru que resolvera distribuir algumas moedas a devotos. A comoção causada foi tão grande que uma turba se formou ao redor do líder espiritual. E o desespero por alguns trocados era tamanho que a oferenda de bênção acabou numa terrível tragédia. Quarenta pessoas morreram pisoteadas, na tentativa de agarrar alguns trocados.

Coisas da Índia.

Então, diante dessa realidade tão triste e intensa, ainda sem um conhecimento aprofundado, todos os dias eu me recolhia no hotel e, durante pelo menos uma hora, me dedicava a efetuar as práticas que havia aprendido em Mysore. A ioga teve um efeito terapêutico imediato para mim.

Quando voltei a São Paulo, comecei imediatamente a praticar de forma séria, todo dia, ao menos uma hora. Não era tarefa fácil. As práticas eram doloridas, e eu sentia que aquilo mexia tanto com meu físico quanto com o meu emocional. Aumentava não apenas a flexibilidade do meu corpo, mas também a flexibilidade da minha mente.

Sentia que toda a dureza na minha forma de pensar as coisas da vida começava a se dissolver e que outros canais se abriam. Isso era o mais interessante. Porque as dores físicas eram violentas no começo, mas eu sentia a recompensa no meu corpo, que começava a se abrir, a se desintoxicar. As primeiras séries de ioga foram realmente desenvolvidas para isso, para suar, limpar o organismo.

Aos poucos, aquelas mudanças físicas foram se expandindo, contaminando outros aspectos da minha vida. Fui percebendo que vivia apegado às coisas e que isso acabava me levando ao sofrimento. Não era novidade para mim essa necessidade de não levar as coisas tão a sério.

Eu já tinha visto muito isso na filosofia budista e hindu, mas ainda não havia realmente assimilado para mim. Ainda vivia colado às coisas do mundo, principalmente a esse lado carnal, do sucesso e do ego, que eu tinha experimentado bastante. Fazer, acontecer, estar no centro do universo são coisas que causam um certo vício corrosivo. Quanto mais apego, mais sofrimento.

A síntese disso tudo estava no meu relacionamento com a Fernanda, naquele caldo de brigas, ciúmes, prazer e dor. Uma viagem pautada pelo sexo puro, pelo apego mais primitivo que existe, tão primitivo que as pessoas chegam a matar por isso.

A solução que encontrei foi ir para o outro lado do pêndulo, fazer o caminho inverso, romper com aquele círculo vicioso que me prendia ao que havia de mais mundano e autodestrutivo no meu caráter.

Parei com tudo. Me separei da Fernanda e não procurei ninguém para substituí-la. Deixei de beber, de fumar meus dois maços de Marlboro por dia, de usar drogas e de comer carne. Foi uma época de rompimentos, revoluções e recomeços, que tinha também a ver com a reestruturação no mundo dos negócios, após a saída da Ouro Fino. Completamente Shiva: morte de um lado, renascimento de outro.

As práticas me ajudavam e me estimulavam àquela espécie de faxina físico-psíquico-espiritual. Na verdade, no começo, eu até me arrisquei um pouco e quase pus tudo a perder. Porque acabei transferindo uma boa parte daqueles meus desejos e angústias para a ioga. Queria me superar, fazer os exercícios por mais tempo, queria ir logo para as posições mais complexas.

Buscava conquistas, superação, me apegava ao meu próprio ego durante as práticas e me machuquei muito por conta disso. Demorou algum tempo para chegar ao equilíbrio, saber até onde podia ir, separar o que era realmente necessário do que fazia parte dos excessos que o mundo moderno impõe pra gente. Mas, após algum tempo, realmente consegui me livrar daquilo tudo.

O prazer da ioga, de uma hora para outra, tornou-se maior do que todos os outros. Ao mesmo tempo, não acredito que tenham sido apenas as práticas.

Acho que esse movimento todo tinha a ver com a maturidade também, afinal eu já estava com meus 34 para 35 anos. Não sei... Talvez, se eu não tivesse encontrado a ioga, outra coisa aparecesse na minha vida, talvez me tornasse evangélico, *hare krishna*, ou praticante assíduo de *tai chi*. Vai saber.

BEIJO NO ASFALTO

A good laugh and a long sleep are the best cures in the doctor's book.

(provérbio irlandês)

Drag machine.

LINDO DE DOER

Mas, nessa época, começo de 2004, tive de fazer uma pausa na minha iniciação iogue. Estava bem no começo desse processo de guinada, mas ainda vivia apegado à Fernanda, à Guiness e à Harley Davidson.

Numa bela manhã de domingo, ano-novo budista, acordei levemente de ressaca depois de uma noite de amor e ódio, coloquei o capacete e saí com a minha moto, de tênis e bermuda, para ir a um churrasco na casa de um amigo. Peguei uma das minhas duas Harleys que era toda mexida, carburador, comando, escape, tudo preparado para *dragster* e saí, *easy rider*. Subi a Teodoro Sampaio aquecendo, virei na Faria Lima e abri tudo.

A primeira marcha, naquela moto, dava 80 quilômetros por hora. Passei a segunda e segui esticando até uns 110. Quando engatei a terceira e abri de novo, a estabilidade ficou pra trás. Nó de guidão. A maldita jogou pra um lado, jogou pro outro, eu me aguentei até sentir que não tinha mais jeito. Quando vi que já era, soltei e deixei a gravidade e a inércia terminarem o trabalho sujo, me estourando inteiro no chão enquanto a moto voava por cima, se acabando no asfalto.

Acho que antes de cair, enquanto ainda tentava dominar a moto, queimei as duas pernas, não sei se no escapamento ou no motor. Depois me ralei todo no asfalto, uns 40% do corpo, o que me fez perder vários pedaços queridos de tatuagens, definitivamente transformados em pavimento asfáltico, enquanto eu seguia capotando e me arrebentando, como se não fosse parar mais.

Quando finalmente deixei de rolar, tratei de me autossocorrer da melhor maneira possível. Mexi uma perna de leve, depois outra, depois um braço, depois outro. Estava bem machucado, quanto a isso não havia dúvida. Por isso achei melhor não me levantar, o que poderia piorar qualquer eventual fratura.

Devagar, com calma, peguei o telefone do bolso da bermuda e liguei para a casa da minha mãe. Ninguém atendeu. Liguei para minha irmã. Nada. Liguei para o meu padrasto. Ele atendeu.

– Ai, pai, eu preciso de ajuda. Caí de moto – eu falei com a voz entrecortada de dor.

– Que ajuda nada – ele respondeu com seu sotaque japonês samurai – levanta daí e vem logo pra cá.

– Não dá, pai. Não dá pra levantar não.

Só quando disse que não estava conseguindo ficar em pé foi que ele finalmente percebeu que o lance era sério, perguntou onde eu havia me esborrachado, disse que estava a caminho e desligou.

A essa altura, percebendo que me encontrava estirado no meio de uma das avenidas mais movimentadas de São Paulo, achei por bem me arrastar até a calçada, ainda tomando o cuidado de me movimentar o mínimo possível.

Logo em seguida parou um carro, e de lá desceu um santo médico, um garotão que, como bom profissional, andava com um kit completo de primeiros socorros no porta-malas. Ele veio, me deu uma examinada básica, colocou um colar para imobilização cervical e ligou para o resgate.

Pouco depois, parou também o motociclista amigo meu, o Chrys da Garage Mettalica, que estava passando de carro e reconheceu minha moto estropiada. Por fim veio meu padrasto me dando uma durinha básica, mas OK, faz parte, tinha razão. Enfim, passei um tempo lá estirado até que chegou a ambulância. Me enfiaram lá na rabeta do resgate e atravessamos a cidade, piscando luzes vermelhas e apitando esganiçadamente.

Pouco tempo depois me despejaram num hospital que meu convênio cobria, me arrancaram a roupa e começaram a tortura. Me esfregaram inteiro pra tirar a sujeira dos ralados. Parecia que estavam realmente me esfolando vivo, descascando minha pele toda.

Eu já tinha quebrado uma perna quando pequeno, andando a cavalo, depois tinha acumulado uma porção sortida de fraturas, durante os anos de skate. Mas nada se comparava àquilo. Nem a famigerada suspensão em Dallas chegava perto da dor que senti enquanto me esfregavam a pele em carne viva com sabão e uma esponja dura, que parecia feita de palha de aço.

Quando acabaram a limpeza, fui costurado em tudo que era canto, me aplicaram pele sintética, me enfaixaram inteiro e me colocaram lá, numa cama, com a ordem de me movimentar o mínimo possível.

Depois de passar por tudo isso e de descansar umas horas, veio o médico responsável, com minhas radiografias na mão. Ele se aproximou, me olhou com uma cara séria e sentenciou:

– É, meu amigo, você vai ter que sair daqui de cadeira de rodas.

Aí o bicho pegou. Primeiro fiquei gelado, sem palavras, depois me desesperei completamente. Comecei a chorar feito um louco, a dizer que tinha conseguido mexer meus pés depois do acidente, que estava sentindo meu corpo inteiro normalmente apesar da dor, que não era possível que tivesse ficado paraplégico.

O médico, mui amigo, deixou eu me desesperar por algum tempo, depois explicou a situação. Disse que era de praxe, que todo mundo que entrava no hospital num estado como o meu tinha de sair de cadeira de rodas. Mas depois eu poderia me levantar normalmente pra entrar no carro. Não estava paraplégico porra nenhuma.

O médico estava tirando um sarro, porque eles odeiam remendar motociclista inconsequente. Na verdade, eu não tinha quebrado um osso sequer, ele estava só me dando uma lição de moral para tomar consciência e não sair mais pilotando feito um retardado.

    Mesmo assim passaram-se alguns meses até que eu ficasse novo de novo. Fiz muita meditação, já que as práticas estavam suspensas, cuidei bastante da alimentação e acabei sarando até mais rápido do que o esperado. Foi uma experiência muito ruim e intensa. Até hoje, quando começo a acelerar muito, lembro de tudo aquilo e dou uma maneirada.

    Depois ainda tive de enfrentar uma maratona com o seguro da moto, porque os caras não acreditavam que eu tinha caído à toa, achavam que eu estava doidão, ou que tinha me detonado de propósito, porque precisava de grana, ou coisa assim. No fim, viram que não era nada disso, me pagaram, e a moto ficou pronta junto comigo. Quando saí do hospital, a primeira coisa que fiz foi montar de novo na máquina e pegar uma estrada para reaprender a pilotar, perder o medo.

COM A MORTE NA ALMA

As minhas paixões fizeram-me viver, e as minhas paixões mataram-me.

Jean-Paul Sartre (filósofo francês)

Crânio tibetano adornado em prata e gemas semipreciosas. Talismã.

LINDO DE DOER

*E*stava eu saudável qual um monge tibetano e limpo feito as corredeiras do Himalaia, quando, pouco antes do almoço de um dia como outro qualquer, comecei a morrer. Primeiro veio um mal-estar generalizado, depois meu coração disparou como se fosse pular pela minha boca e sair quicando pelo chão. Em pouco tempo minha visão se embaçou e o mundo deixou de existir por alguns longos instantes em que tive certeza de que estava realmente morrendo.

Desesperador.

Após algum tempo me controlei, me acalmei e tentei colocar meus pensamentos à frente da situação. Raciocinei sobre aquilo tudo e cheguei à conclusão, bastante razoável, de que estava apenas tendo uma queda de pressão. Vinha treinando pesado nos tapetes iogues e tinha passado um bom tempo sem comer. Fazia sentido.

Então reuni minhas forças e fui almoçar num restaurante natural que costumava frequentar. Comecei a comer normalmente mas, no meio da refeição, não consegui mais. Aquelas sensações todas voltaram, mal consegui pagar a conta e me descambei para o hospital mais próximo, eu mesmo guiando, esperando conseguir sobreviver até o pronto-socorro.

Desci do carro cambaleando, procurei o primeiro médico que encontrei e falei que estava morrendo. Eles me acalmaram, me colocaram deitado, e disseram que eu, muito provavelmente, estava sofrendo de anemia. Como de praxe na moderna medicina ocidental, mandaram eu fazer uma interminável sequência de exames e me liberaram. Os sintomas, do jeito que chegaram, foram embora. E quando peguei os resultados não deu nada. Estava irritantemente saudável.

Por alguns dias fiquei bem. Tentando me manter tranquilo e esquecer a proximidade com a morte. Houve um dia, umas duas semanas depois da minha ida ao hospital, que os sintomas voltaram a se insinuar, mas me controlei, joguei aquilo para longe e segui o curso natural do rio da vida.

Então, dois dias depois, num domingo, estava no chuveiro, tomando um banho antes de ir para um almoço na casa de alguns amigos e veio tudo de novo. O coração disparado, tontura, fraqueza, a visão embaçada e uma certeza profunda e inquestionável de que estava prestes a encerrar a fatura dessa encarnação.

Saí do banho pingando pela casa, nem me sequei, coloquei a primeira roupa que achei e fui para a rua. Para mim, estava tão claro que ia empacotar em pouco tempo que resolvi sair de moto mesmo.

"Já que vou morrer, melhor que seja fazendo o que gosto", pensei comigo.

Por incrível que pareça, apesar do meu estado de total descontrole, consegui chegar vivo na casa dos amigos. Assim que entrei, tremendo, suando, pronto para batalhar minha vaga no além, resolvi desabafar. Me abri, falei para o pessoal o que estava acontecendo comigo, que tinha um bom tanto de certeza de que morreria a qualquer momento. Curiosa e faceira, a vida me deu a resposta ali mesmo, no ato.

Meus amigos, que não eram médicos nem nada, me deram o diagnóstico que toda a equipe do PS de um dos maiores hospitais de São Paulo não tinha descoberto. Não foi difícil para eles porque dois ou três já tinham sofrido a mesma coisa. Além disso, a doença que me afligia era uma das mais comuns no mundo moderno: síndrome do pânico.

Na segunda-feira mesmo procurei um psiquiatra e o cara me explicou o que estava acontecendo. Meu corpo havia se acostumado com todas aquelas químicas de bem-estar, drogas, sexo, carne, enfim, com uma completa e infindável orgia sensorial. Quando parei com tudo e substituí pela ioga, o organismo entrou em pane, diminuiu a produção de endorfina, serotonina e outras inas, e eu mergulhei em depressão. Era realmente uma doença comum, explicou o médico, e disse que eu poderia facilmente controlá-la com alguns medicamentos, que teriam de ser tomados por tempo indeterminado.

Devidamente diagnosticado, voltei para casa pensando na ironia da situação. Quando finalmente tinha me livrado de todos os apegos com drogas que, de uma forma ou de outra, tinham me deixado feliz por cerca de duas décadas, vinha um médico me dizer que eu devia voltar a me drogar?

Não fazia o menor sentido aquilo. Por isso eu logo decidi que não ia tomar remédio nenhum. Se era para me drogar, preferia ficar com meus baseados, e minhas cervejas. Mas, antes de optar pelo retorno radical ao salutar mundo insalubre do rock'and'roll, resolvi consultar outro médico, que tivesse a ver com o mundo em que eu começava a viver. Medicina ayurvédica.

Ele mandou que eu reestruturasse minha alimentação, que me dedicasse a um tipo específico de meditação e fizesse um tratamento com massagens *abhyanga* e *shirodhara*. No fim me deu umas ervas, eu tomei por algum tempo, e segui as instruções do doutor esotérico.

Os ataques ainda voltaram algumas vezes, mas eu os interrompia com concentração e meditação, punha na mente que aquilo era coisa da minha cabeça e foi dando certo. Fui me afastando, e as crises foram se tornando mais raras até que desapareceram ficaram no passado.

Atualmente, quando lembro dos ataques, tenho a impressão de que aquilo aconteceu com outra pessoa. Estou incrivelmente longe daquela realidade. Parece que eu vivi, mas ao mesmo tempo não vivi.

TAINÁ VEM AO MUNDO

As joias mais valiosas e preciosas que você terá ao redor do pescoço são os braços de seu filho.

(anônimo)

Tata em Fernando de Noronha.

Assim, pouco a pouco, com ajuda da ioga, fui tratando de colocar minha vida em ordem. O corpo ainda estava se recuperando, eu devia um bom tanto de dinheiro para o banco depois de gastar mundos e fundos com a Fernanda, os negócios já tinham sido melhores, mas as coisas, lentamente, iam se ajeitando.

Após investimentos pesados na joalheria, consegui formar um leque razoável de compradores e passei a participar de exposições de joias pelo mundo afora. Criei uma nova linha de joias, a Transliquid, com vidro colorido e interior líquido que fez bastante sucesso.

Nessa época, começo de 2006, me preparava pra mais uma temporada em Vegas, para exibir minhas joias numa convenção de piercing, quando uma antiga namorada, Kátia, apareceu novamente na minha vida.

Ela havia acabado de se separar e veio num momento especial. Eu estava em pleno celibato iogue autoimposto e não queria interromper a greve ainda. Mesmo assim, ela se ofereceu para ir comigo para os Estados Unidos, disse que viajaríamos como amigos, que me ajudaria no estande; eu, ainda um pouco abalado pelos acontecimentos recentes, topei.

Tínhamos nos conhecido há décadas, no Guarujá, e sempre havíamos sido bem amigos. Então, achei que valia mais uma aventura. Aliás, aventuras não faltaram no nosso relacionamento. Querida e destemida, ela me deslumbrou com informações e atitudes apaixonadas.

Foi uma época divertida também. Lembro de um dia em que ela me raptou do trabalho com a intenção de discutir a relação. Mas, em vez de me levar para um café ou coisa parecida, me colocou dentro de um helicóptero alugado e fomos para Paraty, no litoral de São Paulo. Havia sido um relacionamento divertido e inusitado, e posso dizer que em certos aspectos combinávamos demais.

De qualquer forma, durante a viagem para Las Vegas, mantivemos o relacionamento na amizade apenas. Mas, algum tempo após nosso retorno, ela apareceu um dia em casa e acabamos tendo um *affair*, uma volta ao passado, aos coloridos tempos das festas de trance.

Algumas semanas depois, ela me procurou com a estrondosa notícia de que esse nosso encontro havia se materializado no maior presente que eu jamais receberia: Kátia estava grávida. Nosso Karma resultou na nossa amada filha.

Me assustei um pouco na hora, como, imagino eu, qualquer outro mortal do planeta, mas logo comecei a ver a maravilha daquela notícia. Achei ótimo. E, já que teríamos um filho, resolvemos tentar o pacote completo e juntamos os trapos.

Kátia veio morar comigo, mas só por algum tempo, porque eu estava devendo até os piercings da cara, então coloquei o apartamento à venda, em busca de alguma capitalização.

Quando vendi, por um preço bem superior ao que havia pagado, cobri todos os rombos no orçamento e mudamos para outro imóvel, da família da Kátia. A loja da Oscar Freire continuava encalhada, patinando, então me mudei de lá também para outro imóvel muito mais transado, elegante, fashion e não tão caro, numa vilinha na alameda Franca.

Então, nove meses depois de ter recebido a notícia, a Tainá veio ao mundo. Para aumentar a dose de emoção, resolvi acompanhar todo o parto e tirei minha própria filha de dentro da barriga da mãe.

Não foram poucas as experiências emocionantes que tive na vida, mas aquela, sem a menor dúvida, está no topo da lista.

Foi como se um facho de luz me iluminasse naquele momento, naquela época de transformações tão intensas. Afinal, depois daquilo, nada nunca mais seria a mesma coisa. Eu já não poderia pensar apenas em mim, tinha de pensar nela também, no futuro dela, o que me dava ainda mais energia para buscar novos desafios. A vida se tornou muito menos egoísta.

Apesar disso, o relacionamento com a Kátia não foi muito adiante. Nossa separação, contudo, não fez que eu me afastasse da minha filha, e o tempo todo estamos juntos, aprontando aventuras divertidas como voltar do colégio de bicicleta, pedalando pela cidade embaixo de uma típica tempestade de fim de tarde paulistana.

Logo depois que ela nasceu, por um momento pensei em furar sua orelhinha. Seria naturalmente honroso o pai colocar o primeiro brinco na filhota. Mas depois pensei melhor. Talvez, quando crescer, Tainá não queira ter as orelhas furadas. Talvez decida manter uma distância segura de agulhas e piercings. Talvez escolha o estilo mais sóbrio e despojado possível. Então, no fim, resolvi não fazer os furos. Resolvi deixar que, quando tiver idade para tanto, Tainá decida, por si mesma, o futuro que pretende dar a seus lóbulos.

Depois disso, a vida seguiu intensa, cheia de viagens, descobertas e uma infinidade de pequenos momentos, pensamentos e ações que precisariam de muitos volumes para serem descritos superficialmente.

Fui a Bornéu, numa convenção de tatuagem tribal organizada por dois irmãos da tribo Dayaks, descendentes de caçadores de cabeça. Os dois estavam brigados, não se falavam; no meio do evento quase se mataram de foice e quase que a cabeça de um foi parar no quarto do outro. Alguns povos daquela região ainda hoje usam técnicas ancestrais para fazer tatuagens com espetos de pau, em formas fantásticas, inspiradas na natureza que os cerca.

LINDO DE DOER

Depois disso fui para a Austrália, encontrar Stelarc, um artista performático que desde a década de 1970 se apresenta em galerias de arte transformando seu corpo em instalações, com direito a suspensões de formas variadas. Um performer visionário que fez coisas inusitadas como implantar uma prótese de orelha humana construída a partir de cultura celular num dos braços. Ainda hoje ele segue investigando os limites da interação entre corpo e organismos cibernéticos, eletrodos e braços mecânicos, tudo isso abordado a partir de estéticas da body-art.

Visitei um museu em Oakland, na Nova Zelândia, que tinha paredes enfeitadas com pinturas de membros da aristocracia tribal maori. Ao longo da história, colonizadores costumavam decapitar os maoris pelo alto valor comercial de suas cabeças tatuadas. Os corpos dos membros da etnia eram cobertos por tatuagens que contam a história de cada indivíduo, de sua família e de seus ofícios. Atualmente pessoas do mundo inteiro reproduzem tatuagens maoris pelo corpo, coisa que, no entanto, é muito malvista no país de origem.

Além disso passei alguns dias na Suíça aprimorando técnicas de joalheria, e quase morri escalando o monte Kailash, um lugar perdido em meio a lendas tibetanas.

ESPETADO POR SHIVA NO MONTE KAILASH

Be a traveler not a tourist.

(anônimo)

Monte Kailash, Tibete.

LINDO DE DOER

Aconteceu em 2008, ano da Copa do Mundo. Quando o planeta inteiro voltava os olhos para a China, Arthur Veríssimo e eu também resolvemos dar uma espiada naquele universo tão diferente e distante do nosso. Mas, em vez de seguir as hordas de turistas que mergulhavam no mundo globalizado de modernidades e tecnologias do império oriental, resolvemos abordar a mesma região por um ângulo levemente diverso.

Decidimos nos embrenhar pelo Tibete, onde, no meio da cordilheira do Himalaia, se ergue o mítico e misterioso monte Kailash, considerado um lugar sagrado por hindus e budistas. A montanha de Shiva, o Shangri-lá dos hindus, o centro do universo para os budistas, um lugar auspicioso, para onde fiéis peregrinam constantemente há milhares de anos.

Não era nada fácil a empreitada. As dificuldades começavam muito antes de chegarmos perto do sopé da montanha, e o simples ato de entrar no Tibete já envolvia complicações para lá de desanimadoras.

O país é território chinês, mas reivindica independência, o que cria um estado de permanente tensão e faz que o governo comunista dificulte ao máximo a concessão de vistos a estrangeiros. Eu já havia estado no Nepal algumas vezes e conhecia pessoas que facilitaram um pouco o processo; então, acabamos conseguindo todos os documentos necessários para a viagem. Depois de toda a burocracia do mundo, lá fomos nós: São Paulo, Zurique, Délhi, Katmandu, Lhasa.

Logo no começo da viagem já notamos que o conforto seria levemente inferior ao encontrado nas pontes aéreas da vida. Indian Airlines é a marca do desconforto. Um avião velho, fedido, lotado e incrivelmente quente. Cinquenta graus, durante boa parte da viagem, até que, não sei, acho que o piloto resolveu abrir a janela, e só então, quando a gente já estava em voo por um bom tempo, o ar começou a ficar mais frio e respirável.

Katmandu é uma cidade linda e miserável situada num funil de opulência, entre Índia e China, as duas grandes potências asiáticas. Conserva construções antigas tradicionais, mas seus habitantes convivem com toques de recolher e blecautes de energia, que normalmente acaba logo no início da noite.

De lá fomos pra Lhasa e, para nossa surpresa, desembarcamos num aeroporto incrivelmente moderno, completamente *American way of life*, muito distante da miséria nepalesa e superpreparado para receber turistas chineses.

A cidade de Lhasa, capital tibetana, situa-se a mais de 3.500 metros de altitude. Também era limpa e bem estruturada, com ruas amplas e grandes lojas de artigos chineses. Por outro lado, o clima era de portas fechadas. Em toda esquina havia um militar, e a impressão que a gente tinha era de que estávamos o tempo todo sendo perseguidos por alguém. Mas a verdade é que não tínhamos ido até lá para conhecer a cidade. Então passamos um dia todo preparando os mantimentos e, na manhã seguinte, partimos para a primeira parte da expedição em duas caminhonetes 4x4.

Tínhamos pela frente um pouco mais de mil quilômetros. A distância era relativamente curta, mas isso não quer dizer nada por aquelas bandas do planeta. As estradas eram extremamente precárias, nossos guias pareciam muito mais interessados em conferir o conteúdo de nossas carteiras do que em cumprir com o combinado, e a magia tibetana que cultivávamos na imaginação foi sendo lentamente esmagada pela mesquinhez da realidade.

O pragmatismo capitalista batia de frente com as doutrinas religiosas. Monges budistas fechavam a porta dos templos quando não concordávamos em pagar somas astronômicas para conhecer os locais sagrados. Outros posavam ao lado de uma pequena placa que estipulava valores para cada tipo de registro: um preço para máquina fotográfica pequena, um preço para câmeras com objetivas e um preço maior para filmadoras.

Nessa ocasião, lembro que, em vez de deixar o dinheiro com o sujeito, eu depositei na urna do templo, o que deixou o monge completamente irritado e possesso, demonstrando total falta de coerência com os princípios da religião que ele mesmo pregava.

Mesmo assim conseguimos visitar lugares incríveis, templos de facções tribais anteriores ao budismo tibetano, de vertentes que flertam com a magia negra e promovem rituais de sacrifício animal, coisas muito parecidas com o que os astecas e os maias faziam aqui pela América.

E continuamos assim, sempre subindo, por uma estrada pedregosa, fria gélida e solitária, vendo que nos afastávamos cada vez mais da civilização, que mergulhávamos num mundo desconhecido, onde até mesmo as leis religiosas, que tomávamos por certas, adquiriam outro significado.

Aos poucos, o clima e as dificuldades da viagem faziam que também deixássemos de lado parte da nossa humanidade, de nossos valores. Quando acampávamos na neve, numa altitude em que o simples ato de respirar se tornava um esforço constante, nossa maior preocupação era a simples sobrevivência. Às vezes nada mais do que isso.

De vez em quando, a cortesia e a camaradagem comuns nas viagens acabavam sendo postas de lado. Tínhamos de nos controlar para não nos entregarmos a picuinhas e entreveros que tornariam a convivência insuportável.

Após dez dias de viagem em estrada de chão, finalmente chegamos à base do Kailash, uma montanha majestosa e imponente, um gigantesco e afiado bloco de pedra com o cume esbranquiçado de neve.

Nenhum homem jamais chegou ao cume do Kailash, situado a 6.700 metros de altitude, considerado um local sagrado e, portanto, fora do alcance dos mortais. É um dos últimos picos passíveis de serem escalados e que continuam intocados em todo o nosso planetinha Terra.

Ao lado dessa misteriosa montanha, descansa o lago Manasarovar, que representa a deusa Parvati, consorte de Shiva: uma pacata lâmina d'água azulada, cercada por elevações discretas no solo desértico. Paramos ao lado do lago e acampamos por uma noite, nos preparando para a caminhada de 53 quilômetros para atingir 6 mil metros de altitude, em três dias. Além do guia tibetano, contávamos com dois cozinheiros, um motorista e alguns iaques, espécies de búfalos das montanhas, para levar os mantimentos.

Durante esse tempo que passamos descansando ao lado do lago, um peregrino hindu resolveu banhar-se nas águas congelantes do Manasarovar. Após alguns instantes saiu praticamente congelado e morreu ali mesmo, provavelmente vítima de hipotermia.

Mas ninguém se condoeu demais diante do espetáculo. Logo perceberíamos que a morte é algo extremamente natural no monte Kailash. Está sempre presente e à espreita.

Começamos a caminhada devagar, poupando energias, ao longo de uma trilha que se estendia por um vale pedregoso, ladeado por um pequeno rio. Ao longe era possível avistar o topo nevado da montanha. Não havia outra alma viva ao redor. Não havia possibilidade de resgate de avião, não havia hospital, não havia socorro.

Caminhávamos através de um espaço desoladoramente amplo e vazio, sem uma árvore ou vegetal, um espaço que nos enchia de solidão e tristeza. Mas o primeiro dia, felizmente, transcorreu sem maiores problemas.

Russos e indianos foram os únicos outros peregrinos com os quais cruzamos no caminho. Os russos pelo prazer da caminhada, e os indianos pelo valor religioso da jornada. No fim do dia chegamos a uma gruta que abrigava um templo budista, habitado por dois monges, onde passamos a noite.

Já havíamos ultrapassado a barreira dos 5 mil metros de altitude, e, a essa altura, eu já sofria no corpo os males da montanha. Estava sem apetite há alguns dias e naquela noite dormi muito mal, com fortes dores de cabeça. Sintomas normais da altitude.

Em geral, durante o sono, respiramos mais curto, temos uma oxigenação menor, o que, no ar rarefeito, faz que o corpo desperte a todo o momento, carente de oxigênio, com uma sensação terrível de sufocamento.

Mesmo assim, no dia seguinte acordamos antes de o sol nascer e iniciamos os preparativos para a parte final da escalada, mais 12 quilômetros de trilha íngreme, coberta de neve, para alcançar o Drolma, local onde se caminha pela base do cume, situado a cerca de 6 mil metros de altitude.

Nosso guia distribuiu um saco com nozes e outros mantimentos para a escalada e um garrafa d'água. Após a noite longa e mal dormida, perguntei se estava tudo certo e se ele tinha uma bomba de oxigênio, para o caso de ser necessário amenizar os males do ar rarefeito.

Ele me deu um cilindro de oxigênio e disse que era melhor eu poupar para uma emergência pois só havia aquele. Era o único cilindro de oxigênio para uma equipe de seis pessoas. Eu, na minha ingenuidade ocidental, argumentei que ter apenas uma bomba era uma irresponsabilidade, que se duas pessoas passassem mal uma delas poderia morrer.

Ele respondeu com toda a naturalidade do mundo: "Mas não tem problema se você morrer aqui. Você já está num lugar sagrado, vai desencarnar no lugar certo". Na hora até pensei em continuar a discussão, dizer que não tinha ido ali com a intenção de morrer, mas apenas de viver aquela experiência, conhecer o lugar e voltar para o conforto aconchegante da minha casinha ocidental. Pensei em explicar que naquela época, após o nascimento da minha filha, a última coisa em que eu queria pensar era na morte. Mas concluí que seria inútil.

E nós fomos, subindo rumo ao topo do mundo, num clima que ficava cada vez mais adverso e respirando um ar cada vez mais rarefeito. O Arthur disparou na frente feito um doido, querendo que aquilo acabasse logo. Eu não, tomei meu tempo e fui devagar, caminhando sozinho, aceitando os limites do corpo e respeitando o esforço sobre-humano que meus pulmões faziam para extrair algum oxigênio daquele ar tão egoísta.

Nesse meio tempo, enquanto continuava escalando lentamente, topei com um russo que caminhava meio fora da trilha, completamente confuso, perdido e tonto de falta de ar. Fui atrás do sujeito, puxei ele de volta para a trilha e subimos juntos por algum tempo, até encontrarmos o grupo de amigos dele que esperavam no meio do caminho. Eu entreguei o russo para os colegas e continuei minha jornada, devagar e sempre, para o alto e avante.

Foram aproximadamente seis horas de penitência e sofrimento até que, finalmente, consegui bater lá em cima, quase no topo do monte Kailash, o paraíso na terra dos hindus. O lugar é realmente lindo, deslumbrante qual um éden terreno. Para muitos, ali é um portal, uma curva que separa a vida da morte. E não são poucos os homens que, sem qualquer infraestrutura, realmente escalam o monte usando suas últimas forças e morrem ali.

Como manda a tradição, pendurei minha série de bandeirolas coloridas, que, através do vento frio e cortante, mandariam vibrações positivas para meus entes queridos.

A sensação de estar lá, no topo do mundo, num lugar tão lindo e tão mítico, era realmente incrível. Mais ainda diante de todo o sofrimento necessário para se chegar ao fim da jornada, uma energia muito forte que me enchia de felicidade.

LINDO DE DOER

Essa satisfação toda, contudo, se tornava levemente relativa diante do fato de que, na verdade, aquela era só a metade do caminho. Depois ainda era preciso completar mais uns vinte quilômetros da descida, feita pelo outro lado.

Mas para baixo todo santo ajuda. O ritmo da caminhada era muito maior. De certa forma, todas as dificuldades até a subida pareciam ter ficado para trás, e eu me sentia revigorado, cheio de força. Sentia como se o próprio Shiva estivesse me espetando as costas com seu tridente, me empurrando de volta para casa.

Lembro de ter encontrado, durante esse retorno, um velho peregrino que claramente tinha um corpo muito mais delicado do que o meu; ele estava muito mais machucado e certamente sofrera muito, mas trazia no rosto uma expressão de total satisfação e êxito. Peguei minha sacola com um resto de nozes e frutas secas que ainda tinha, entreguei na mão do velho andarilho e segui meu caminho mais feliz, alimentado pela força daquele homem.

No fim da tarde, cansado mas satisfeito e realizado, finalmente cheguei ao acampamento base, onde estavam os cozinheiros. Comi o que podia, bebi o que precisava e dormi o sono dos justos, ainda que raso e entrecortado.

No outro dia, bem cedo, embarcamos de novo em um 4x4. Tínhamos pela frente mais 800 quilômetros até a divisa com o Nepal. Era um trajeto completamente ermo e descampado a cerca de 4 mil metros de altitude. Não havia estradas, apenas uma planície interminável, com toda a cadeia do Himalaia ao fundo. Não havia postes de luz, cidades ou qualquer referência, e tínhamos de nos orientar por bússola para achar o caminho correto.

Quando nos encontrávamos nessa situação limite, nesse verdadeiro fim do mundo onde não havia uma única árvore, uma única alma viva, descobrimos que tanto o nosso motorista quanto o nosso guia nunca tinham feito aquele caminho antes.

Haviam apenas ouvido falar que era possível atravessar por ali, e nos usavam como cobaias para testar o novo trajeto. A gente rodava, rodava, rodava, e aos poucos fomos percebendo que ninguém sabia exatamente onde estávamos e se estávamos no caminho certo. Nossa única referência era o gigantesco painel de pedra e gelo da cordilheira do Himalaia, e assim fomos, às cegas, tensos e apreensivos, até que finalmente topamos com um dos vários pontos de fiscalização dos chineses, que felizmente nos dava alguma certeza de estarmos no caminho certo.

Avançamos mais um pouco e a certeza se tornou real e palpável quando chegamos a uma cidade, situada em algum ponto desse espaço geográfico tão misterioso e incerto. Dormimos ali, numa pousada simples e tosca, e meu sono continuava ruim, inconstante e insuficiente. Quando acordei, me sentia muito doente, com um cansaço insuportável, em um estado de completa confusão mental. Durante o dia anterior, havíamos descido de uma altitude de cerca de 6 mil metros, para aproximadamente 2 mil, e eu sofria os efeitos colaterais dessa mudança de pressão. Mas não havia muito a fazer, e continuamos adiante, sacolejando no 4x4 até a fronteira.

Quando entregamos nossa documentação para sair do Tibete, o funcionário da alfândega olhou nossos documentos, hermeticamente escritos em chinês, fez uma careta e disse que a gente simplesmente não podia sair por ali. Que tínhamos de fazer todo o caminho de volta e sair por onde havíamos entrado: Lhasa.

No fim tivemos de passar algumas boas horas na fronteira, numa discussão burocrática interminável, eu quase morrendo de mal-estar, até que, finalmente, por telefone, conseguimos que nossa agência em Lhasa liberasse a saída pelo outro posto. Assim, deixamos a China para entrar no Nepal.

Mal atravessamos a ponte que ligava os dois países e já era possível perceber a diferença entre os dois mundos. Deixávamos pra trás o rigor sóbrio dos chineses para penetrarmos num mundo de cor, miséria e intenso contato humano. E as árvores. Havia árvores por ali, o que me deixou feliz e emocionado, já que há mais de vinte dias eu não via uma folhinha verde sequer.

As estradas eram ainda piores do que as do Tibete, mas seguimos adiante. Era um caminho incrivelmente estreito e sinuoso, pontilhado por desmoronamentos. Em algumas partes, era simplesmente impossível seguir adiante. O motorista tinha de nos deixar de um lado, nós passávamos a pé, com as malas nas costas, sobre a montanha de pedras e barros que cobria o caminho e depois nos virávamos para arrumar um carro do outro lado.

Fomos assim durante todo um dia até finalmente chegarmos a um hotel em Katmandu. Completamente doente como estava, a primeira coisa que fiz foi ligar pra um médico e pedir pelo amor de Deus que ele viesse me ver no meu quarto fuleiro. Depois de algum tempo veio um oficial do Exército nepalês, especialista em tratar alpinistas. Ele me examinou durante algum tempo, mas não teve muita dificuldade em dar o diagnóstico. Disse que eu estava estressado, cansado, estafado. Que havia descido a montanha muito depressa e que o remédio para minha doença era simples: descansar, comer e beber muito líquido. Eu obedeci feliz da vida e aos poucos fui realmente me sentido melhor.

Depois de um ou dois dias, quando já estava quase completamente recuperado, eu jantava no restaurante do hotel quando conheci uma família hindu. Eles também voltavam da peregrinação ao Kailash e um deles, uma mulher, tinha feito um voto de silêncio. Há vários anos não falava, apenas escrevia.

Quando contei para ela da minha situação, que nos últimos dias eu havia estado muito doente, ela me deu a explicação por escrito. Disse que eu tinha deixado meu espírito na montanha e descido só com meu corpo. Por isso era natural que eu estivesse me sentindo mal. Segundo ela, ia demorar ainda alguns dias pra tudo voltar ao normal. Demorou mesmo. Ou talvez nunca tenham voltado.

LINDO DE DOER

A peregrinação ao redor da montanha sagrada tem um significado milenar de morte e renascimento, fazer a circum-ambulação, ou *kora*, tem reflexos diretos na vid, e, para mim, realmente muitas coisas mudaram depois que senti as espetadas do tridente de Shiva.

Quando voltei ao Brasil, senti que estava mudado e mais uma vez comecei a revirar minha vida de ponta-cabeça. A loja escondida numa vila dos Jardins, a exemplo da outra, na Oscar Freire, também não deslanchou. No fim de 2008, voltei para a boa e velha Ouro Fino, mas num outro espaço. Meu contato interior ficou mais alinhado e senti mais tranquilidade e segurança nas novas empreitadas da vida.

Assim, em meio às mutações constantes, segui tocando minha vida, fazendo meus piercings, desenhando e vendendo minhas joias, pesquisando músicas e tocando como DJ. Até que, num dia como outro qualquer, um sujeito me abordou na entrada da galeria.

– Você já pensou em participar de um programa de televisão? – Perguntou de cara.

Respondi que não, nunca tinha pensado.

SOLITÁRIO ASSISTIDO

> *A liberdade é a possibilidade do isolamento.*
> *Se te é impossível viver só, nasceste escravo.*
>
> Fernando Pessoa (poeta português)

Imagem do programa *Solitários*.

LINDO DE DOER

A televisão em questão era o SBT, do nosso bom, velho e midiático Silvio Santos, e a ideia inicial era que eu participasse de um reality show entre casais. Fui lá, numa pré-seleção, e eles me fizeram algumas perguntas sobre o que eu gostava ou não de fazer, sobre meu estilo de vida e sobre como eu me comportaria num lugar fechado, com outras pessoas. Respondi tudo aquilo sem muito interesse, e eles logo constataram que eu não tinha o perfil exato para o que haviam pensado.

Mesmo assim, depois de eu contar uma boa parte de minhas venturas e desventuras, a produtora me disse que, na verdade, me encaixaria melhor em outro programa, que seria lançado em breve. Ela explicou que os participantes desse segundo reality show ficavam presos numa cela, sem contato com outras pessoas, e ali eram expostos a uma série de testes físicos e psicológicos. Se passasse em todas as provas superando os outros oito participantes, ficaria vinte dias trancafiado e ganharia um prêmio de R$ 50 mil.

– Uau, vocês querem me pagar para eu participar de um *vipassana* – respondi para mocinha que passou a me encarar com um olhar de incompreensão. Depois expliquei que *vipassana* é uma espécie de retiro espiritual para práticas intensivas de meditação, uma forma de se afastar da rotina e buscar novos sentidos na vida.

Ela não pareceu muito interessada nos meus ensinamentos iogues, mas disse que me chamaria para participar da segunda edição do programa, uma vez que a primeira já estava sendo gravada. Agradeci, me despedi e imediatamente esqueci aquilo. Retomei o fluxo natural da vida.

Eis que, meses depois, em janeiro de 2010, me chamaram para fazer uns testes físicos com algumas outras perguntas. Me viraram do avesso, fizeram um check-up geral, tiraram sangue e me colocaram na esteira para ver se, depois de tantas ilusões e desilusões e meu velho coração ainda aguentava o tranco. Eu fui lá corri pra caramba, depois, na hora mesmo, orgulhoso do meu desempenho, perguntei o resultado para o médico.

– E aí, fui bem, doutor?
– É, seu resultado foi mediano – ele respondeu, olhando meus dreadlocks e tatuagens, provavelmente achando que eu era um porra-louca sedentário.
– Mas o senhor chegou a ver minha idade aí, doutor? – perguntei, fazendo que ele desse uma espiada a mais na minha ficha.
– É, nossa, você já tem 40. Para essa idade está realmente muito bom – respondeu o sujeito assustado que, ele sim, deveria ser um sedentário bebedor de uísque, completamente descuidado da própria saúde e da de seus pacientes.

Depois dos exames, pediram fotos, informações sobre a família, fizeram mais uma batelada de perguntas, e vi que aquela história do meu *vipassana* estava se tornando cada vez mais real.

Achei demais aquilo. Nunca tinha ficado tanto tempo sozinho e, pra alguém que prezava tanto a liberdade, a experiência de ser fechado num quarto por vinte dias, seria no mínimo interessante. Havia também o prêmio, claro, mas não era isso que me motivava. Eu já tinha ganhado e gastado muito mais dinheiro em viagens pelo mundo, para fazer coisas tão ou mais bizarras do que aquele programa.

Mas, enfim, quando chegou perto da data de começarem as gravações, eles pediram que eu enumerasse três coisas que gostaria de levar para dentro da minha cela. Escolhi um livro (sobre ioga), meu tapete para fazer as práticas de ioga e um tambor *djembe*, para batucar um pouco nos momentos de tédio.

No dia combinado, lá fui eu para minha cela particular. Era um espaço pequeno, de uns 15 metros quadrados, mas que não achei de todo ruim. Não havia janela, nem qualquer abertura além da porta de entrada e de outra, que dava acesso a uma sala com um banheiro químico. Também não havia mobília. Mesas, cadeiras, cama, colchão, nada. Nada além de um carpete duro e acinzentado.

A luz fria, branca, permaneceria o tempo todo ligada, eliminando qualquer referência de tempo externo. As paredes eram pintadas de verde e havia um grande número 8, coisa que me agradou bastante. Afinal, o número 8 é o número do infinito, muito bem considerado na numerologia chinesa; para completar, é o número dos ensinamentos da ioga. "Estou no lugar certo", pensei comigo. Além disso, adoro verde, me lembra a natureza.

Entrei vestindo apenas a roupa do corpo e um microfone de lapela, e me trancaram lá, naquela solidão esterilizada, perdida em meio ao complexo de estúdios, situado às margens da maior cidade do país.

Durante todo o programa, a relação com o mundo exterior foi feita com a produção por meio de um intercomunicador que se apresentava como um computador. Computador fêmea, para ser mais exato. Val era o nome da máquina fictícia. Logo que entrei, ela se apresentou e passou um bom tempo falando das regras e dos desafios que eu teria de enfrentar lá dentro.

Depois, silêncio e ócio. Muito ócio. Muito tempo sem nada a fazer, o que, na minha opinião, foi o maior desafio de sobreviver lá dentro, porque aumentava demais a ansiedade para quem não sabia lidar com as emoções.

Tentei não me importar com aquilo, entender e me convencer de que vinte dias é muito pouco, uma parcela ínfima de uma vida que passa muito rápido, ridiculamente rápido. Claro que isso não era exatamente verdade naquelas circunstâncias, pois o tempo pode se mostrar incrivelmente elástico em certas situações de tédio e marasmo.

Outra coisa que me incomodou no começo foi a comida. Não havia escolha. Era preciso comer o que eles davam e que, diga-se de passagem, não era muito.

LINDO DE DOER

Já completamente vegetariano, sofri bastante com esse aspecto. Sempre vinham uns pedaços de bacon no meio do feijão, ou presunto e mortadela no sanduíche, e todas as bebidas eram enlatadas.

Foi bem difícil para mim. Tentava separar a carne, e acabava bebendo aqueles "sucos de querosene" que me davam, pensando que a maioria das pessoas pelo mundo afora realmente vivia daquele jeito, alimentando-se daquele lixo industrializado.

Depois havia os jogos, sempre três por dia. Um que envolvia inteligência e raciocínio, um que exigia mais destreza física e resistência, e um que era decidido pela sorte.

Em geral, antes da atividade, a produção precisava colocar coisas dentro da cela, mas em nenhum momento eu tinha contato com alma humana. Nessas horas, era obrigado a sair pela portinha que dava acesso ao banheiro químico, mas antes ficava parado, esperando, numa espécie de corredor onde não era possível ficar em pé. Depois, quando voltava, o cenário da prova já estava lá, magicamente preparado.

O interessante das provas é que elas eram disputadas entre nove pessoas, mas você não sabia o que estava acontecendo nas outras cabines, não tinha ideia de como estavam se saindo os demais candidatos. A ideia era que cada um fosse até o seu limite.

Em testes de resistência, por exemplo, o computador nunca dizia que a prova acabara, que os outros haviam desistido. Deixava você continuar, mesmo que estivesse sozinho. O resultado só era divulgado quando todos acabavam. Aquilo era, na verdade, um grande experimento. Um grande laboratório com seres humanos no lugar dos hamsters, e milhões de telespectadores fazendo as vezes do cientista maluco.

Nas primeiras provas, não fui até meu limite, sempre parei um pouco antes, me poupando mesmo. Isso fez que eu fosse muito mal, mas felizmente não o suficiente para ser eliminado, porque havia pessoas piores do que eu.

No fim isso foi bom porque, aos poucos, ainda que sem saber quem eram meus adversários, fui conhecendo os outros competidores, descobrindo até onde eles iam e quantos eram realmente desafiadores. Ao mesmo tempo, percebia que, mesmo não dando o máximo de mim, mesmo ficando no limite ditado por meu bom-senso, estava numa posição mediana em relação aos demais.

Uma das primeiras provas, por exemplo, era um teste de resistência sobre uma cama de prego, ficar deitado lá o maior tempo possível. Eu praticava ioga, tinha feito um piercing no pau, me suspendido por ganchos cravados nas costas, ou seja, aquilo não me botava muito medo. Sabia que poderia ficar deitado ali para sempre, em condições que me levariam muito além do bom-senso.

Ao mesmo tempo, sabia que aquela não era a prova final, que outras pessoas desistiriam muito antes de eu chegar ao meu limite pessoal. Então, parar antes do esforço máximo era uma forma de poupar meu corpo e minha mente para o que viria pela frente.

Além disso, depois que ganhei uma ou duas provas, descobri que era presenteado com certas regalias. Numa dessas me deram o tambor que havia pedido, em outra ganhei uma barra de chocolate, e assim por diante.

Acontece que naquele sistema fechado e altamente delicado, onde sua mente é seu maior inimigo, fui aos poucos percebendo que aqueles presentes, por menores que fossem, acabavam me enfraquecendo, me tornando mais mole, mais dependente de fatores externos.

Tudo no jogo era feito para mexer com os ânimos, para abalar os participantes, física e psicologicamente. Às vezes eles colocavam barulhos (choro de bebê, cachorro latindo, buzinas) para deixar a gente muito tempo sem dormir, diminuíam ou aumentavam a temperatura, racionavam a comida, e assim por diante.

Não havia chuveiro, apenas um banheiro químico que só podia ser usado com autorização. Depois de alguns dias, o odor corporal começava a irritar, e o fato de me sentir sujo era extremamente nocivo à minha autoestima.

Tentava não me deixar abalar pela situação, pelo aprisionamento, e me apegava sobretudo à ioga. Acordava de manhã, ou, melhor dizendo, no horário que imaginava ser a manhã, e começava minhas práticas, cantava meus mantras e meditava, praticava alguns *asanas*, me preparando para as provas.

Em geral, aproveitava também para passar alguma mensagem. Me voltava para os espelhos atrás dos quais imaginava que estavam as câmeras e falava. Não sei se eles colocaram no ar ou não, porque, no momento em que conto essa história, o programa ainda não foi veiculado. Mas falava. Sobre a qualidade da comida, sobre a conduta das pessoas, sobre a mesquinhez da nossa sociedade, sobre a televisão, sobre religião, sobre política, enfim, sobre o que viesse na minha cabeça.

Foi uma megaescola aquilo tudo, chocante. Primeiro porque deu para perceber quais eram as minhas fraquezas pessoais e onde eu deveria melhorar. Além disso, foi interessante notar como as pessoas se matavam sozinhas, se desesperavam consigo mesmas e se eliminavam do jogo.

Outra coisa bastante divertida foi ter de me livrar dos meus próprios preconceitos. Eu não sou uma pessoa que assiste muito à televisão, muito menos a um canal popular, como o SBT. Então, quando deparei com uma prova em que tinha de imitar a Beyoncé, por exemplo, foi muito louco. Eu nem sabia quem era Beyoncé. Nem sei ainda, pra falar a verdade. Não sei qual é a música dela, como ela é ou como dança.

Mas me deram um maiô feminino lá, uma peruca e mandaram eu imitar a Beyoncé. E imitei, mas da forma que me veio à cabeça, que teve de ser cômica, debochada, livre de preconceitos. Assim, aos poucos, fui entrando cada vez mais na brincadeira.

Conforme os dias iam passando, aquela situação foi se tornando mais comum para mim, porque eu a aceitava de bom grado. Acho que é assim com o ser humano: se você luta contra o que a vida lhe oferece, acaba não aguentando, acaba quebrando.

Eu aceitava aquilo, me agarrava à ioga e sentia que ia ficando cada vez mais forte. Conforme meus oponentes iam sendo eliminados, essa sensação se intensificava, e, cada vez mais, eu me empolgava com as provas, chegava mais perto do meu limite.

Nos jogos que envolviam tempo, como um em que era preciso ficar amordaçado e amarrado a uma cadeira, por exemplo, desenvolvi uma técnica para saber quanto já havia passado.

Enquanto meu corpo estava ali, literalmente preso àquela situação, eu mantinha a mente ocupada, imaginando que estava fazendo minhas práticas de *ashtanga*. Sabia mais ou menos quantos minutos levava para completar os movimentos, e que, em aproximadamente duas horas, concluía uma série inteira.

Assim, além de manter meus pensamentos ocupados, calculava quanto tempo já tinha gasto, e podia ter uma noção mais exata de como estava me saindo.

Mas nem tudo era fácil de encarar. As provas, às vezes, eram bem intensas. Em uma delas, tínhamos de rastejar em círculos ao redor da cela pelo maior tempo possível o que me fez ficar com joelhos e cotovelos em carne viva. Em outra, colocaram um cabrito morto na sala e a tarefa era tirar o equivalente a três quilos de carne.

Não deram nenhum instrumento, podíamos usar apenas a mão, ou os dentes. Nessas últimas provas, como a do animal morto, em que eles começaram a pegar mais pesado, às vezes eles liberavam o canal de áudio com os outros cubículos, e assim eu fiquei sabendo que pelos menos dois participantes não conseguiram ir adiante. Eu fui separando as porções de carne morta a partir das articulações, cravando os dedos no pobre do bicho, que, no fim das contas, estava morto mesmo.

Depois da prova, ainda me serviram um bife. Disseram que seria a única refeição do dia, que era aquilo ou nada. Eu me dispus a ficar bem sem comer, mas, por via das dúvidas, surrupiei o pãozinho que vinha junto da carne, para garantir uma porção mínima de calorias.

E segui assim, cada vez mais mergulhado no jogo, cada vez mais gostando da brincadeira até que, vinte dias depois de ter sido trancado naquela caixa hermética, havia me tornado um dos dois finalistas do programa.

Para a prova final, a produção colocou várias cordas atravessadas a alguns centímetros do piso da cela. A ordem era permanecer sobre essas cordas, como uma aranha sobre a teia.

Primeiro o computador fêmea ia mandando a gente ficar em posições variadas: de pé, sentado, deitado, barriga para cima, barriga para baixo e assim por diante. Depois as cordas foram sendo retiradas. Tiraram uma, depois outra, depois outra, até que sobrou uma só. Eu usei técnicas de rapel, e fiquei a maior parte do tempo deitado sobre a corda, com os pés esticados.

Àquela altura ainda não sabia, mas o meu adversário era um oponente poderoso. Tinha 23 anos, era lutador de kung fu, muito bem preparado tanto física quanto mentalmente. E enquanto eu estava deitado, ralando a parte interna das minhas coxas até tirar sangue, ele havia conseguido sentar sobre a corda, numa posição muito mais confortável.

A minha sorte foi que ele acabou me subestimando. Até poderia aguentar mais, mas achou que já tinha vencido e, depois de algumas horas, deu a prova por terminada. Acontece que eu, apensar de estar numa posição bem mais incômoda, continuava lá, praticamente transformado eu mesmo em corda.

Acho que o processo todo deve ter demorado bem umas quatro horas, e no fim, quando só sobrou um cabo, eu escorreguei várias vezes, quase caí, mas me reergui a muito custo, suando em bicas. Foi bem desgastante esse processo todo até a hora em que não aguentei mais, me levantei com os pés bem fincados no chão e fui surpreendido com a notícia de que havia ganhado o show.

Quando abriram a porta, eu saí chorando, emocionado mesmo, por mais uma vez ter me superado. Depois conheci meu oponente e aí fiquei ainda mais feliz de ter competido com alguém tão capaz. Um moleção saudável, em ótima forma, um lutador oriental, filho de fazendeiros do interior de São Paulo. Dei um grande abraço nele, desejei boa sorte, mas não resisti à tentação de tirar um sarrinho:

– Pô, cara, que coisa, você não conseguiu ganhar do tiozinho aqui, meu?

No final, quando saí, levei um baita susto porque era noite e eu tinha certeza de que estava de dia. Experiência incrível. Mas foi muito bom aquilo, como um *vipassana* mesmo. Não teve viagem pelo mundo que me desse tanto quanto aquela jornada interior. Pensei muito sobre a vida, sobre tudo o que havia feito e o que deveria fazer e sobre como quero educar minha filha.

Algum tempo antes do programa, eu tinha alugado uma casinha modesta em Florianópolis, na beira da Lagoa da Conceição. E agora ficava mais claro que, cada vez mais, eu buscaria uma vida simples, sem as urgências da cidade grande, sem as imposições do ego.

Não pretendia me aposentar, muito pelo contrário. Continuaria com minhas empreitadas, buscando novas atividades, tendências e negócios. Mas com a clareza de que tudo isso deverá ocorrer num cotidiano próximo à natureza, prezando a qualidade de vida, recheado de surfe, ioga, meditação e, sobretudo, liberdade.

TUDO QUE VOCÊ QUERIA SABER SOBRE PIERCINGS E NUNCA TEVE CORAGEM DE PERGUNTAR

19 ANOS DE AGULHADAS

Durante meus 19 anos de carreira, estive permanentemente em contato com o que havia de mais moderno em matéria de body-piercing. Conhecimento que adquiri por meio de convenções, workshops e palestras. Ao mesmo tempo, me preocupei também em passar este conhecimento adiante, dando cursos mensais, onde se formaram milhares de profissionais que vêm colaborando para tornar a colocação de piercing uma prática segura e sedimentada no Brasil.

Nas páginas a seguir, reuni uma pequena amostra dessas informações, que podem ser úteis para quem quer colocar, para quem já tem ou para quem pretende trabalhar na área de body-piercing.

ESCOLHENDO O ESTÚDIO DE PIERCING

Você decidiu fazer um piercing e agora se pergunta: "Para onde eu vou, como escolho o estúdio correto?".

Nesses tempos em que as doenças se proliferam, é preciso mesmo ter todo cuidado na escolha do local para fazer uma perfuração. As dicas abaixo vão ajudá-lo nessa escolha:

Seus amigos têm piercing? Onde fizeram?

Peça indicações a quem já passou pela experiência. Além disso, repare se o piercing deles tem o aspecto de um que você gostaria de ter. Eles tiveram algum problema ou infecção durante a fase de cicatrização? O piercer estava apto a ajudar se eles tivessem alguma complicação? Eles fariam uma perfuração nesse estúdio novamente?

O estúdio parece limpo?

Verifique se as paredes, o chão, o balcão e tudo o mais está limpo. Repare se há sujeira nas roupas dos funcionários e se o toalete é mantido asseado. Se notar algum descuido com a higiene, é melhor procurar outro local.

Os funcionários sabem responder a suas perguntas?

Na carreira de piercer, leva-se um bom tempo pra aprender qual joia é adequada para cada parte do corpo. Demora-se mais ainda pra adquirir a habilidade de fazer a perfuração no local correto, de forma precisa e completamente segura. Assegure-se de que o seu piercer é bem informado. Pergunte quanto tempo ele tem de profissão e como aprendeu. Verifique se há certificados e diplomas nas paredes.

Os funcionários explicam detalhadamente os cuidados necessários?

Todos os estúdios profissionais devem ter um manual explicando como você deve cuidar do seu piercing. Informe-se sobre os cuidados antes da perfuração. Se o funcionário te orientar a cuidar de sua perfuração com pomadas, água oxigenada, iodo ou álcool, o estúdio certamente não está atualizado com os padrões da prática correta, e você deve se preocupar com a qualidade do serviço que será prestado.

O estabelecimento possui autoclave e os instrumentos são regularmente esterilizados?

Sua joia deve ser esterilizada na autoclave, assim como todos os objetos que possam entrar em contato com o seu corpo. Portanto, se o estabelecimento não tiver uma autoclave, fuja. Estufas não servem para esterilização. Não arrisque sua saúde.

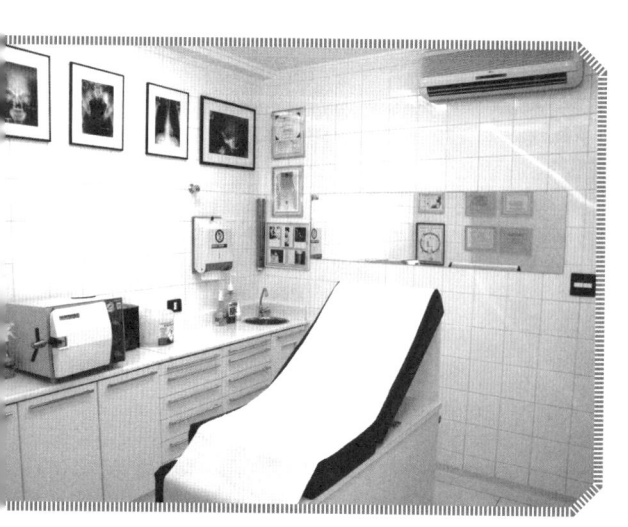

O estúdio reutiliza as agulhas?

Agulhas nunca devem ser reutilizadas. Todas devem ser esterilizadas antes do uso, e suas embalagens precisam ser abertas na presença do cliente. Nunca deixe o piercer usar uma agulha que estava submersa em líquido. Assegure-se de que todas as agulhas utilizadas são descartadas num recipiente para materiais perfurocortantes.

São utilizadas pistolas de perfuração?

Se você vai fazer um piercing e o estúdio está usando uma pistola de perfuração, daquelas encontradas em farmácias, fuja! Essas pistolas de plástico não podem ser esterilizadas e não são descartáveis; portanto, oferecem grande risco à saúde.

Como é a sala de perfuração e como são os procedimentos de higiene?

Peça para assistir à preparação do equipamento para perfuração. Melhor ainda se você puder ver um piercing sendo feito (nem todos os estúdios deixam as pessoas observarem, mas não custa perguntar). Peça ao menos que deixem você observar os preparativos do equipamento para a aplicação do seu piercing. Durante a preparação o profissional deve, antes de tudo, lavar as mãos e colocar luvas novas. O equipamento deve estar embalado individualmente. O piercer deve trocar as luvas caso toque em qualquer coisa que não seja você ou o equipamento utilizado. Se não estiver satisfeito com os preparativos, vá embora.

Há áreas separadas?

Todo bom estúdio deve ter cinco áreas separadas: balcão, sala de espera, sala de perfuração, toalete e sala de esterilização separada.

O estúdio tem licença para funcionar?

A legislação brasileira exige que o estúdio tenha licença para funcionar. Na maioria dos casos, essa licença significa que o estúdio respeita exigências mínimas e passou por algum tipo de inspeção.

O estúdio perfura menores de idade?

A lei brasileira proíbe que menores sejam perfurados, mesmo com autorização dos pais. Evite estabelecimentos que descumpram a lei.

Que joias o estúdio possui?

Existem muitos tipos de joias de piercings, então o estabelecimento deve oferecer grande variedade de estilos e tamanhos de joia. O estúdio não deve insistir num certo estilo só porque é o único que tem em estoque.

O que dizem seus instintos?

Se você não se sente confiante e confortável com o estúdio ou com o técnico, é melhor ir embora. Ouça a sua intuição. Se o seu estúdio parece mais preocupado com o seu dinheiro do que com a sua saúde, isso é sinal de que você deve ir embora rapidamente.

ESCOLHENDO A JOIA CERTA

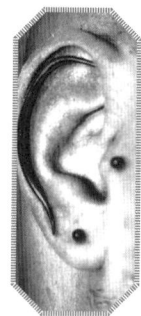

Com o sucesso e a popularização dos piercings, há uma infinidade de novos fabricantes no mercado. Muitos sabem pouco ou nada sobre a área, por isso é preciso muita atenção na hora de escolher uma joia. Cuidado com preços baixos. Hoje em dia existem no mercado joias que um piercer ético não aceitaria usar. Toda joia utilizada em body-piercing deve ser prática e segura. Lembre-se de que ela é um material estranho ao organismo, e que, para o corpo aceitá-la e cicatrizar normalmente, ela deve ser de boa qualidade.

As joias devem estar perfeitamente polidas com produtos não tóxicos. Preste atenção se não há pequenos trincados. Peças polidas incorretamente são mais porosas, causando atraso na cicatrização. Os aros devem ser perfeitamente redondos e as hastes completamente retas. Joias multiangulares ou com cantos afiados são inapropriadas.

As esferas rosqueadas devem encaixar perfeitamente e não podem estar fora de centro. Não deve haver espaço entre a esfera e a haste. Pode haver acúmulo de bactérias nessa região. As extremidades dos aros e hastes não devem ser bruscas ou afiadas, mas suavemente arredondadas, para inserção indolor. Muitos fabricantes tentam economizar usando uma esfera padrão para todas as joias, mas as esferas devem ser proporcionais ao tamanho da peça.

Materiais que podem ser usados numa perfuração nova

O **aço cirúrgico 316 LVM** é derretido a vácuo num processo especial, que elimina impurezas e impede a corrosão. É o único tipo de aço usado em implantes e o único recomendado para body-piercing.

O **titânio cirúrgico** é usado há pouco tempo em joias para body-piercing. Leve, não causa reações ao entrar em contato com o corpo. O titânio pode ser anodizado, processo que o deixa colorido sem a necessidade do uso de pigmentos.

O nome **nióbio** vem de Niobe, que, na mitologia grega, é a filha de Tantalus, ao qual o elemento tântalo se refere. É um metal cinza-escuro muito resistente à corrosão e pode ser anodizado para ficar colorido.

O **tântalo** é o elemento menos conhecido da família do titânio e do nióbio e também pode ser anodizado e usado em perfurações.

O **ouro 18 quilates,** amarelo ou branco, é um metal bem pouco reagente e relativamente fácil de ser trabalhado.

A **platina** é um metal pesado e caro, porém não causa irritação e é perfeito para body-piercing. É branco, brilhante, porém difícil de ser trabalhado.

O **plástico de alta densidade** (Bioplast), pouco poroso e não tóxico, pode ser levado à autoclave e tem tamanhos variados, semelhantes aos padrões normais de piercings.

O **nylon cirúrgico (PTFE)** também pode ser usado em situações nas quais os metais não são adequados.

Materiais que NÃO podem ser usados numa perfuração nova

Brincos para uso em lóbulos e feitos para pistolas não devem ser usados no corpo (muitas vezes não são bons nem para uso nos lóbulos). Os materiais são de baixa qualidade e muito finos, podendo rasgar a perfuração.

Joias banhadas a ouro são totalmente inaceitáveis para o body-piercing. Nelas é aplicada apenas uma fina camada de ouro. Por baixo, encontra-se um metal menos nobre, como o níquel ou o alumínio. Essa camada pode descascar facilmente, expondo o material que está embaixo.

A **prata**, ainda que pura, não é apropriada para o uso em body-piercing. Mesmo se o uso nos lóbulos não lhe incomoda, o uso em outras partes do corpo pode causar oxidação e irritar a perfuração.

Todas as outras categorias de **aço não cirúrgico** também não devem ser usadas. Muitos desses materiais quebram-se ou são corroídos quando entram em contato com o sal, que é um componente do corpo humano.

Joias de **alumínio** também não devem ser usadas, pois estudos mostram que o metal contribui para a ocorrência de Mal de Alzheimer.

Materiais orgânicos, como madeira, ossos e chifres, são inapropriados para novas perfurações. Por serem porosos, facilitam o acúmulo de bactérias e podem provocar infecções.

Joias de **ouro com menos de 14 quilates** não são suficientemente puras e contêm muitas substâncias que podem reagir com o corpo.

Ouro colorido, como o verde, contém uma concentração muito grande de cobre e pode causar reações negativas. Deve ser usado apenas como decoração, em esferas ou similares. Se o ouro estiver misturado a uma quantidade grande de níquel, prata, estanho ou outros metais não compatíveis com o corpo, pode haver irritação e dificuldade de cicatrização.

Materiais que podem ser usados numa perfuração cicatrizada

Encaixes de **vidro temperado (pyrex)** são seguros e confortáveis, especialmente se usados em perfurações alargadas nos lóbulos. Deve-se tomar cuidado com joias de pyrex mais longas, pois elas podem se quebrar com certa facilidade. O pyrex pode ser levado à autoclave.

Joias de **madeira sólida, não tóxica e de baixa porosidade** são muito comuns e confortáveis. São usadas por clientes que alargam bem as perfurações nos lóbulos. Muitos tipos de madeira são tóxicos, por isso compre apenas peças de fabricantes confiáveis. Como a madeira não pode ser levada à autoclave, as joias desse material devem ser usadas por apenas uma pessoa.

Apesar das controvérsias quanto ao uso prolongado de joias de **plástico de alta densidade, baixa porosidade e não tóxico**, a maioria dos clientes aprova sua utilização em perfurações alargadas ou que estão sendo alargadas. O plástico pode trincar, se tratado com álcool, ou se usado na boca. O acrílico não pode ser levado à autoclave e deve ser usado por uma pessoa apenas.

Minerais como pedras semipreciosas, ossos de animais e chifres podem ser usados sem restrições em perfurações cicatrizadas, pois esses materiais orgânicos são empregdos a milhares de anos.

Tipos de joias

Existe uma infinidade de variações dos seguintes tipos de joias:

Bead ring ou *BCR* (**argola com uma esfera**): é uma esfera afixada numa das extremidades de um aro. O aro pode ser aberto ou fechado, curvando-se. É adequada para perfurações nas quais a joia não será retirada frequentemente. Podem precisar de um alicate específico para a inserção se o diâmetro for pequeno.

Barbell **reto (bastão com duas esferas)**: é uma haste com uma esfera em cada extremidade. É o mais usado em perfurações de língua, sobrancelhas, lóbulos e outras áreas onde o aro seria incômodo. É bastante versátil porque as esferas são de rosca e podem ser removidas.

Microbell ou *barbell* **curvo (bastão pequeno e curvado)**: é um bastão curvado com duas pequenas esferas nas extremidades. Perfeito para sobrancelha, narinas ou perfurações onde a fricção é um problema e os outros *barbells* não se adaptam

Circular barbell (**argola com duas esferas**): é uma argola com duas esferas de rosca, para fácil remoção. Excelente para perfurações em que a joia é retirada frequentemente, como o Príncipe Albert (glande).

Nostril screw (**brinco de narina**): usado em perfurações de narina, é baseado nos modelos indianos. Sua extremidade é voltada para dentro, o que protege o septo e evita quedas. Não precisa de tarraxas (que acumulam bactérias). O tamanho pode variar de acordo com a narina.

Labret stud (**labrete**): é usado nas perfurações de lábio inferior; tem um disco achatado na parte posterior, para proteger a gengiva. Uma haste é presa a esse disco e, na parte frontal, é atarraxada uma esfera ou outro objeto decorativo. Também pode ser usado em toda a extensão da orelha.

Septum retainer (**cicatrizante para septo**): parece um grampo. É feito geralmente de aço cirúrgico ou nióbio e usado em circunstâncias nas quais o cliente precise ocultar o piercing, como por exemplo, no trabalho.

Flesh tunnels ou *plugs* e *UV elarlets* (**tubos de alargamento**): são usados para alargar as perfurações de lóbulo. O tubo com rosca nas abas segura o tecido e dificulta a saída da joia.

LINDO DE DOER

Bananabell (**bastão curvado para umbigo**): é um bastão curvado, com esferas de rosca. É prático e confortável para o umbigo e pode variar com encaixes de decoração.

PREPARANDO A PELE

A pele deve ser preparada para a perfuração a fim de eliminar oleosidade, transpiração, sujeira, micro-organismos como bactérias etc. Uma vez preparada a pele, o cliente não deve mais tocar a parte desinfetada. Se isso ocorrer, o procedimento de preparação deve ser repetido

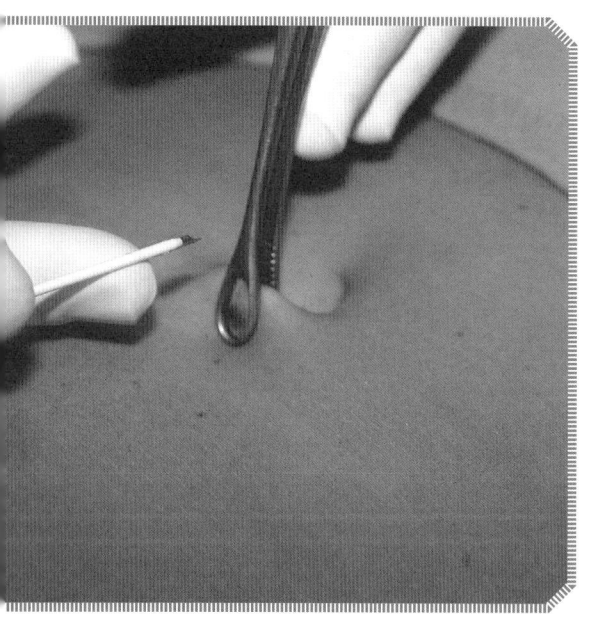

Limpeza

O objetivo desta fase é eliminar a maioria dos organismos, potenciais causadores de doenças e infecções. Os produtos para a preparação da pele devem ter ação antibacteriana de longo alcance, apresentar efeito rápido e contínuo, causar pouca ou nenhuma irritação e ser facilmente aplicáveis. Lavar com sabonete líquido antisséptico e fazer assepsia com álcool 70%.

Marcação

A fim de que a perfuração ocorra no local desejado de forma precisa, o piercer deve marcar o local antes do procedimento. A marcação deve ser feita após a limpeza e antes da desinfecção. Todo produto usado no cliente deve ser descartável e esterilizado, incluindo o marcador. A violeta genciana aplicada com um palito esterilizado é o produto mais indicado para o serviço.

Desinfecção

É feita com um quadradinho de algodão e álcool isopropílico 70%, que deve ser esfregado em movimentos circulares, da parte central de onde será feita a perfuração para as extremidades.

Preparação para perfuração oral

O cliente deve bochechar por 30 segundos com uma dose de solução antimicrobiana. Para perfurações envolvendo boca e rosto, deve ocorrer também a preparação da pele.

ANESTÉSICOS

Produtos injetáveis podem alterar a pele no local da perfuração e causar fortes reações. O cliente deve ter predisposição médica para que a anestesia seja aplicada, um profissional da área de saúde deve aplicá-la, e a maioria dos piercers NÃO tem licença para tais procedimentos. Anestésicos locais apenas adormecem a camada externa da pele e são ineficientes. Portanto, **não se deve usar anestesia em perfurações**. Um piercer experiente deve agir rápido para minimizar o desconforto.

APÓS A PERFURAÇÃO

Os cuidados após a perfuração são importantíssimos para evitar problemas. Mesmo uma joia bem colocada, em uma perfuração perfeitamente executada e limpa, pode causar problemas se não for devidamente cuidada. Cada corpo reage de uma forma, mas as dicas a seguir ajudam na cicatrização da grande maioria dos casos.

O que é normal

Sangramento, descoloração ou inchaço são reações normais do corpo. Qualquer corte na pele, e isso inclui a perfuração, costuma sangrar ou causar desconforto. Fragilidade, picadas, queimações, dor e outras sensações desconfortáveis costumam ocorrer durante alguns dias no local da perfuração. A sensação de aperto é normal. Não espere que a joia deslize facilmente, logo depois de cicatrizada a perfuração.

Secreção com plasma e células mortas também é algo perfeitamente normal. O plasma é um líquido espesso, amarelado e forma uma casquinha na entrada da perfuração. Não é pus, mas sim um indicador de que a cicatrização está ocorrendo. Uma vez cicatrizada, a perfuração pode ainda liberar uma secreção branca semissólida, malcheirosa, chamada sebo. Às vezes, a perfuração pode parecer cicatrizada e depois regredir. Tenha paciência e mantenha-a limpa durante todo o processo de cicatrização.

Limpeza

As perfurações devem ser limpas, uma ou duas vezes ao dia, até que tenham cicatrizado. A maioria das pessoas limpa pela manhã e à noite, durante o banho. Não lave mais do que duas vezes, pois pode causar irritação e atraso na cicatrização. Se você limpa uma vez ao dia, faça-o na hora de dormir.

O ideal é usar um **sabonete líquido antimicrobiano** e germicida suave, sem cheiro e sem corantes. Antes da limpeza, lave as mãos com o sabonete e água quente. Se preferir, use luvas de vinil ou látex e um gel desinfetante. Durante a cicatrização, nunca toque a perfuração com as mãos sujas.

Enxágue com água quente a região a ser limpa, removendo qualquer tipo de sujeira. Não cutuque a perfuração com as unhas ou qualquer outro objeto. Aplique uma boa quantidade do produto na região e limpe a área e a joia. Gire a joia cuidadosamente de um lado para o outro, a fim de que a solução penetre na perfuração (não é necessário girar a joia nos primeiros dias). Deixe agir por um minuto, depois enxágue bem com água corrente, enquanto gira a joia, para retirar toda a solução que sobrou na perfuração. Seque suavemente com papel-toalha ou gaze, pois a toalha comum pode conter bactérias.

Soluções com sal marinho e compressa de água e sal aplicadas uma vez ao dia, estimulam a circulação, ajudam a acelerar o processo de cicatrização e evitam infecções. Dissolva uma colher pequena de sal numa xícara de água quente, se possível filtrada (a solução deve ter sabor de lágrima ou soro fisiológico). Deixe a compressa por até 3 minutos e movimente a joia com cuidado. Em certas regiões é melhor aplicar a solução com uma haste de algodão ou gaze. Enxágue com água e seque com um papel-toalha.

Dicas gerais sobre o que se deve fazer durante a cicatrização

– Lave as mãos antes de tocar a perfuração.
– Não mexa na perfuração nem gire a joia, exceto quando estiver limpando.
– Confira (com as mãos limpas), no mínimo duas vezes ao dia, se as bolinhas das travas (quando sua joia as possuir) estão aparafusadas, girando-as para o lado direito.
– Mantenha a joia inserida sempre. Mesmo depois de muito tempo, as perfurações sem joias podem encolher ou sumir, em minutos, depois de haver estado lá por anos. Mesmo que seus lóbulos não fechem ficando sem os brincos, seu corpo pode agir de maneira diferente. Se necessário, pergunte a seu piercer se sua joia pode ser removida temporariamente.
– Certifique-se de que sua cama esteja sempre limpa na fase de cicatrização, principalmente se você tem animais de estimação.

- Use roupas com tecidos leves e confortáveis na área da perfuração.
- Suplementos com vitamina C e zinco podem ajudar na cicatrização.
- Durma bem, mantenha a alimentação equilibrada e evite estresse exagerado, consumo de drogas e álcool. Quanto mais saudável sua vida, mais rápido será o processo de cicatrização.
- Tomar banho de chuveiro é mais seguro do que de banheira, uma vez que banheiras retêm bactérias.
- Se notar qualquer sinal de pus, é melhor consultar um médico para saber se está ocorrendo uma infecção. Nesse caso, a joia deve ser mantida na perfuração para a saída do pus. Se a joia for removida, o buraco se fechará podendo resultar em um abscesso.

Dicas gerais sobre o que NÃO se deve fazer durante a cicatrização

- Não use nenhum produto além de sabão, água e sal.
- Não aplique pomadas em sua perfuração. O produto obstrui a passagem do ar e forma uma camada pegajosa, podendo causar complicações. Elas não são feitas para cicatrização de perfurações.
- Limpar demais pode atrasar o processo de cicatrização e causar irritações. Duas vezes ao dia são suficientes.
- Evite contato oral, brincadeiras desnecessárias e contato com líquidos corpóreos na região perfurada.
- Não use curativos. Eles limitam a passagem do ar, atrasam a cicatrização e podem irritar a área.
- Tente não dormir sobre a perfuração durante a fase de cicatrização.
- Não pendure nada em suas joias até a completa cicatrização.
- Evite submergir suas perfurações em piscinas, lagos ou banheiras. Saunas também devem ser evitadas.
- Evite atividades físicas mais intensas, como esportes de contato. O suor não faz mal à perfuração se você limpá-la corretamente.

Dicas para áreas específicas

Nas perfurações de **umbigo**, evite usar cintos ou roupas apertadas durante a cicatrização. Pode-se aplicar um curativo ou faixa sob a roupa, para evitar irritações durante a prática de atividades físicas intensas.

Nos piercings de **orelha, cartilagem da orelha** e **rosto**, proteja a perfuração contra spray de cabelos, loções, maquiagem e outras substâncias desse tipo. Certifique-se de que as fronhas estejam limpas e sejam trocadas frequentemente. Limpe seus aparelhos de telefone e celular com desinfetante e evite telefones públicos.

Para quem furou os **mamilos**, é aconselhável dormir de camiseta, ainda mais se possuir animais que sobem na cama. Dormir de sutiã ou top também pode aumentar o conforto quando a perfuração é recente.

Mesmo durante a cicatrização de perfurações **genitais** é possível praticar sexo, mas é necessário redobrar os cuidados com higiene. Ouça seu corpo. Dor significa que é necessário diminuir o ritmo ou parar. Durante a cicatrização é importante o uso de preservativos para evitar troca de fluidos, mesmo para quem tem uma relação monogâmica.

Perfurações na **boca** exigem mais cuidados do que nas outras partes do corpo, então é bom redobrar a atenção às dicas a seguir.

Para a *limpeza*, o ideal é usar um enxaguante bucal sem álcool. A solução de água e sal marinho também é uma boa opção. Evite água quente nos primeiros dias. Bocheche por aproximadamente um minuto, com uma das soluções após as refeições, mas não mais do que cinco vezes ao dia. Bocheche rapidamente (15 segundos) com a solução de água e sal depois de ingerir qualquer coisa exceto água, e após fumar. Evite a solução salina se tiver problemas cardíacos ou de pressão alta.

Não pratique sexo oral nem beijos mais "fortes" durante a cicatrização e não compartilhe pratos, talheres ou copos.

Coma devagar e mastigue com calma até que se acostume com a joia. Beba bastante líquido, principalmente água. *Bebidas e comidas geladas aliviam o inchaço*, assim como chupar uma pedrinha de gelo. Evite comidas apimentadas, salgadas demais, ácidas ou muito quentes nos primeiros dias. *Reduzir o fumo ou parar de fumar é aconselhável*. Fumar pode aumentar os riscos e prolongar o tempo de cicatrização.

Não brinque com a joia durante o período de cicatrização. Evite pressionar a joia contra os dentes. **Mesmo após a cicatrização, brincar com a joia pode machucar dentes e gengivas**. Evite mastigar chicletes, morder canetas, óculos etc. durante a cicatrização.

Troque sua escova de dentes, use uma nova e *certifique-se de que tudo o que você coloca na boca esteja limpo*. Use uma pasta dental suave. Nas joias de boca pode haver formação de placa bacteriana ou tártaro tanto na bola quanto na haste. **Escove a joia suavemente** com uma escova de dentes durante a cicatrização. Se você for cuidadoso com a higiene, não precisará remover a joia nem quando for ao dentista.

Algumas pessoas levam uma bolinha adicional na carteira ou na bolsa. É aconselhável que você o faça, principalmente se possui joias não metálicas. Se perder ou quebrar uma bolinha, use uma borracha para impedir que a joia saia, até que possa repor a peça.

Quando desinchar, é bom pedir ao seu piercer que troque a barra posterior de sua joia (no caso de joias desse tipo) por uma mais curta. Elas irritam menos e há menor chance de serem mordidas.

No caso de **perfurações na língua**, é comum, no começo, sentir que a boca está sem coordenação. Mastigue pequenas quantidades de comida e procure colocar os alimentos, com a mão limpa ou o garfo, diretamente na parte posterior da boca (molares). Alimentos no fundo da boca não podem ser tocados pela língua. Mantenha sua língua elevada para evitar morder a joia ao comer.

ALARGAMENTO

O processo de expansão é uma maneira de conhecer o corpo e seus limites. Não é uma competição e não deve ser praticado se não houver a intenção de continuar com o furo alargado. Algumas perfurações alargadas podem diminuir com o tempo, dependendo das circunstâncias, mas, na maioria dos casos, o processo é irreversível. As perguntas e respostas abaixo têm o objetivo de diminuir eventuais dúvidas sobre o assunto.

O que acontece quando você alarga uma perfuração?

No processo de alargamento, fissuras microscópicas se abrem na camada externa da pele do interior do furo. As células são separadas pela pressão. Com o tempo, os espaços livres são preenchidos por novas células, resultando numa circunferência maior. Se as microfissuras forem desiguais abaixo da camada externa da pele, podem se formar cicatrizações hipertróficas (granulomas). Se a pele rasgar, o tempo de cicatrização é bem mais longo e podem surgir complicações em alargamentos futuros. Por isso é importante ter paciência e respeitar o ritmo peculiar de cada organismo.

Com o que alargar?

A matemática das agulhas de inserção é muito importante. Se o comprimento é maior, o aumento da perfuração é mais gradual, o que é menos traumático para a pele e ajuda bastante na cicatrização. Agulhas muito curtas que engrossam bruscamente são mais indicadas para a troca de joias, não para expansão.

Quando alargar novamente?

Alargamentos não são uma competição. Cada pessoa deve alargar numa frequência própria e diferente, dando ao corpo tempo para cicatrizar completamente. A pele relaxada permite uma expansão natural e sem fissuras. De qualquer maneira, novos alargamentos nunca devem ocorrer antes de seis semanas.

O que fazer depois?

Manter a pele limpa, como um piercing novo. Massagear regularmente. Nos climas mais secos é bom hidratar a pele e a joia constantemente.

O PROCEDIMENTO

PREPARAÇÃO

A pele deve ser limpa como se faz numa nova perfuração, pois fissuras maiores podem aparecer a qualquer momento, rasgando a pele e trazendo risco de infecções.

LUBRIFICAÇÃO

É aconselhável lubrificar o furo antes do alargamento. Para isso, o ideal é usar lubrificantes à base de água. Produtos derivados do petróleo e outras substâncias não são seguros por causarem alergias, proliferação de bactérias e danos aos instrumentos.

TÉCNICAS

Primeiro é preciso checar a saúde da pele, conferir se não há pontos frágeis ou danificados. A perfuração deve estar bem cicatrizada. Depois é preciso lubrificar e massagear a pele. A massagem melhora a circulação e a maleabilidade e ajuda a realinhar o tecido após o alargamento.

Com a perfuração lubrificada, o piercer fará uma pressão suave com um movimento contínuo da agulha, rotacionando enquanto apoia a pele.

Depois do alargamento é preciso realinhar as camadas da pele, para minimizar o perigo de fissuras maiores. O piercer nunca deve deixar a agulha de inserção sem apoio na orelha do cliente. O peso pode ser prejudicial.

Material

Sempre se deve usar um material biocompatível, não poroso, quando for fazer um alargamento. Dê preferência ao aço cirúrgico, ao titânio ou ao nióbio. Materiais mais porosos, como acrílico e vidro, e orgânicos devem ser usados somente após a cicatrização completa da pele, e devem ser antialérgicos.

Fissuras ou lesões

Quando acontece um acidente e o tecido se rompe durante a expansão, a maior preocupação é com a saúde da pele. Por isso, devem ser tomados os devidos cuidados e o período de cicatrização deve ser respeitado.

BLOQUEANDO INFECÇÕES, EXTERMINANDO GERMES, PROTEGENDO CLIENTES E PROFISSIONAIS

O primeiro e mais importante passo para impedir a transmissão de doenças é simples: **lavar as mãos**. Assim é possível reduzir ou eliminar a maioria das bactérias patogênicas das mãos.

A **vacinação** é outra importante medida na prevenção de infecções. A imunização contra hepatite B tem sido recomendada tanto para profissionais de saúde quanto para body-piercers. Vacinas contra a gripe e antitetânicas também são recomendadas para quem trabalha com perfurações.

O agressor é invisível

O trabalho de um piercer geralmente implica em contato com sangue e outras secreções corporais — principalmente saliva, nos casos de perfurações na boca. Esse contato aumenta o risco de transmitir e contrair uma série de doenças, algumas delas fatais.

Medidas de controle de infecção visam a minimizar o risco de transmissão de infecções na prática do body-piercing. Várias recomendações sobre o assunto têm sido publicadas para orientar profissionais, e a adesão a elas vem contribuindo na diminuição dos riscos para clientes e piercers.

Aids, hepatite C e piercing

Os vírus HIV (aids) e HCV (hepatite C) atacam de forma silenciosa e violenta. Atualmente mais de 30 milhões de pessoas são portadoras do vírus da aids ao redor do mundo. Os casos de hepatite C são ainda mais numerosos, beiram os 200 milhões de pessoas infectadas.

Ambas as doenças são transmitidas por relações sexuais e pelo sangue. Na prática do body-piercing, em que a perfuração da pele e o contato com o sangue são corriqueiros, é preciso haver atenção redobrada para evitar a transmissão dessas doenças.

Limpeza e esterilização do material são as principais armas para combatê-las. Para diminuir o risco de contaminação, profissionais da área devem se submeter a exames de sangue periodicamente.

Acidentes ainda são a maior causa de transmissão de aids e hepatite para profissionais de saúde e para body-piercers em particular. Nem todos os clientes portadores de HIV, HCV ou outras doenças contagiosas podem ser identificados antes do procedimento de perfuração. Por isso, todos os clientes, indiscriminadamente, devem ser vistos como potencialmente contaminados, e precauções padronizadas devem ser utilizadas em todos os procedimentos.

Como se prevenir

Tenha cuidado ao manipular objetos que possam ter tido contato com sangue, tais como aparelhos de barbear, tesouras, aparelhos de manicuro e pedicuro, tampões e toalhas higiênicas, escova de dentes. Use instrumentos esterilizados caso queira fazer perfurações corporais.

Luvas, máscaras etc.

As **luvas** são indispensáveis para o trabalho do piercer. Elas reduzem o risco de transmissão de doenças do profissional para o cliente e vice-versa, por isso devem ser usadas em todos os procedimentos. Também devem ser utilizadas para contato com materiais, instrumentos e equipamentos contaminados.

Só vestir luvas, contudo, não é suficiente. Elas devem ser usadas do modo correto: as mãos devem ser lavadas antes e depois do uso; as unhas devem estar bem cortadas para evitar que rasquem as pontas dos dedos das luvas; cada par de luvas deve ser usado apenas durante o período de contato com o cliente. As luvas são descartáveis e não devem ser lavadas ou reutilizadas.

As **máscaras** são uma barreira física de proteção contra a transmissão de micro-organismos, tanto do cliente para os profissionais como dos profissionais para os clientes, e devem ser usadas durante todos os procedimentos.

As **roupas** recomendadas a um piercer durante o trabalho devem ser limpas, de fácil lavagem e secagem, com cores claras, confortáveis e discretas. Devem ser usadas exclusivamente no trabalho e trocadas sempre que houver sujeira aparente. A utilização de gorros ou tocas pelo profissional também é recomendada, para evitar queda de cabelos na área do procedimento. Deve-se evitar o uso de adornos, tais como colares, correntes, pulseiras, relógios, anéis e alianças, já que são objetos difíceis de se descontaminar.

PERGUNTAS FREQUENTES

Quanto tempo leva para uma perfuração cicatrizar?

A cicatrização completa leva de quatro a seis meses. Em cerca de três semanas começa a se formar uma membrana, um tecido superficial no interior da perfuração. Após dois a quatro meses uma pele mais grossa se forma, mas é necessário que ela se torne realmente resistente, possibilitando a troca de joias.

Quais as perfurações mais doloridas?

Normalmente as perfurações na cartilagem da orelha, mamilos e na região genital são as mais doloridas. Mas vale lembrar que a dor é um sentimento subjetivo. Há pessoas que suportam mais, outras que suportam menos. O profissional deve saber respeitar o limite de cada cliente e possuir habilidade técnica para minimizar o desconforto.

O que é queloide?

É uma supercicatrização que ocorre em certas pessoas que possuem predisposição genética. É uma cicatriz normalmente elevada, avermelhada, endurecida e que pode ter prurido (coceira) e dor local. É a tal bolinha amarelada, semelhante a uma espinha, que aparece na perfuração de certas pessoas. Compressas de salmoura ajudam a eliminar qualquer secreção existente e às vezes até revertem o processo.

Em um piercing inflamado posso usar pomadas cicatrizantes?

Não é aconselhável se medicar sem consultar um médico. Além disso, a pomada não permitirá que a perfuração respire, além de conter forte antibiótico na sua composição.

Piercing na língua pode causar câncer?

Não. A predisposição genética, juntamente com fatores externos, é que pode desencadear o desenvolvimento de um câncer. Se uma pessoa não tiver uma boa higiene bucal e se houver casos de câncer na família, o risco de desenvolver a doença aumenta. É uma associação de fatores.

Piercing na língua prejudica a dicção?

Sim. Prejudica também o esmalte dos dentes e as gengivas. Pode ainda aumentar a ocorrência de infecções dentárias, que podem evoluir para uma infecção no coração chamada endocardite. Portanto, quem tem perfurações desse tipo deve redobrar os cuidados com a higiene bucal.

Piercing na língua pode interferir no paladar?

Não. O paladar é percebido pelas laterais da língua e o piercing fica no centro.

Piercing na língua melhora o sexo oral?

Não há estudos que comprovem o aumento do prazer. Mas, assim como no caso do piercing genital, aqui o que vale é o fetiche da joia e a reação que ela provoca na fantasia do casal.

Posso colocar um piercing na língua no formato horizontal?

Não. É perigoso e desconfortável.

Fiz um piercing no lábio e chegou a desinchar, mas agora, na terceira semana, inchou novamente. Isso é normal?

Como a cicatrização leva até seis meses para formar uma camada de pele ao redor da joia, é possível que inche um pouco. Continue cuidando.

Piercing genital masculino aumenta o prazer da mulher? E do homem?

Piercings íntimos são usados em culturas diferentes por motivos diferentes. Na sociedade moderna eles se tornaram um fetiche. Portanto, as perfurações genitais podem aumentar o prazer quando associados a fantasias e à estética. No caso dos piercings na glande, há homens que apontam aumento de prazer, uma vez que o tecido interno do pênis é estimulado pela fricção da joia. Mas não há estudos que comprovem o aumento efetivo do prazer, nem para homens nem para mulheres.

Quem não é circuncidado pode fazer todos os piercings genitais?

A viabilidade de cada perfuração deve ser analisada caso a caso por um profissional experiente. A anatomia humana é diferente de pessoa para pessoa, e há casos em que certas perfurações não são possíveis, o que não se restringe à área genital. Mas nada impede que um homem não circuncidado faça um piercing genital.

Quanto tempo depois da perfuração genital posso voltar a fazer sexo normalmente?

O sexo pode ser feito após o primeiro período de cicatrização, cerca de dois meses após a perfuração. Esse tempo, contudo, varia de pessoa para pessoa, então o que vale mesmo é o bom-senso. É preciso sentir o corpo, se houver dor ou incômodo, é sinal de que ainda é muito cedo.

É verdade que o piercing de sobrancelha é expulso do corpo com o tempo?

Qualquer joia colocada numa aplicação mal executada pode ser expelida. A falta de cuidados específicos após a perfuração também pode ocasionar a rejeição. Mas, se o procedimento for benfeito e todos os cuidados de higiene forem seguidos à risca, não há porque o corpo expelir a joia.

Quais os riscos envolvidos numa perfuração?

Contaminações com vírus, bactérias e micro-organismos causadores de doenças diversas. Trauma físico e psicológico. Alteração permanente do tecido, acarretando cicatriz irreversível.

Há lugares mais arriscados do que outros?

Sim. Em partes do corpo muito irrigadas, como sobrancelhas e cartilagens de orelhas podem ocorrer hematomas. Nesses casos, o processo de cicatrização é mais difícil, o que pode levar à rejeição e à expulsão da joia pelo organismo.

POSFÁCIO

Padmasana: pose de lótus.

Posfácio

A ideia deste livro surgiu da minha curiosidade por formas alternativas de viver. Viajei no meu próprio sonho e me tornei um profissional de uma atividade que não existia no nosso país. Criei uma forma de me sustentar através da cultura underground, nunca apoiada por nossa sociedade nem por minha família.

Não existia curso ou formação acadêmica de piercer, DJ, promoter, designer, estilista, ou de várias outras atividades que me sustentaram nessas décadas de extrema mudança comportamental. Funções que agora já são parte da realidade das novas gerações, que têm recuperado atividades primitivas e importantes nas sociedades tribais. Com naturalidade, exerci ofícios que se tornaram profissão. Século XXI.

Desde sempre escutei conselhos de supostos sábios, dizendo que eu devia estudar, prestar concursos públicos, fazer testes em empresas. Mas preferi seguir à margem. Às vezes foi difícil e doloroso, em outras foi divertido ser tachado de louco por querer viver, promover festas raves, tocar músicas estranhas e perfurar corpos por motivos estéticos, eróticos, esotéricos.

Lindo de Doer!

Até onde o ser humano pode ir pra conseguir satisfação e bem-estar?

Sempre segui minha intuição e, com coragem, mostro neste livro outras formas de se buscar superação. Sou só mais um entre inúmeros alternativos que levam a vida num universo paralelo. Somos alternativos em busca de liberdade, bandeirantes desbravando e incentivando outras formas de encarar a vida, perfurando barreiras, divertindo pessoas, satisfazendo vontades.

Mas o verdadeiro protagonista do livro é a nossa sociedade e suas modificações culturais e comportamentais que se refletiram na modificação dos corpos humanos. Na era da globalização, gurus, visionários, videntes, xamãs ou seres iluminados pelas telas dos computadores conseguem hoje acessar informações nunca repartidas na minha juventude.

Para ter acesso a esses conhecimentos precisei vivenciar pessoalmente experiências compartilhadas ao vivo e em cores, de corpo e alma, no mundo real.

E foi isso que quis mostrar nestas páginas. Incentivar e dar forças para quem quer viver no sonho. Afinal, a realidade muda o tempo todo. A cada momento sinto que em alguma parte do mundo ou em outro tempo isso já deve ter sido feito. Só estamos nessa jornada para explorar nossa capacidade física, mental e espiritual.

Atualmente é raro conhecer alguém que não teve, tem, ou quer ter uma modificação corporal. Seja uma joia no corpo, uma tatuagem, um corte de cabelo

LINDO DE DOER

mais radical, um corpo escultural, uma prótese de silicone, lábios com botox e modernos artifícios químicos para retardar o envelhecimento.

São as marcas da vida como um ritual de passagem, como uma forma de buscar individualidade, personalidade, beleza, saúde ou apenas a verdadeira posse do corpo. Uma forma de aumentar o poder de conquistar, seduzir ou amedrontar, de se inserir nas tendências da sociedade.

Achei também a ioga como forma de rejuvenescer e transcender meu corpo, de me libertar, algo que talvez não fosse possível se eu não tivesse acessado outras experiências radicais em que me coloquei.

Esse é meu dharma, meu caminho, minhas viagens.

Namastê, Axé, Aloha, Ohm, Viva!

André Meyer